AUZOU Éditions

SOMMAIRE 2020 2021

LOUP

Drôle et attachant, parfois un peu bougon, Loup se décline en albums, coffrets, peluches, figurines...
Un univers original, tendre et drôle qui aborde des thèmes importants pour les enfants.

Orianne Lallemand

Orianne Lallemand écrit pour les enfants, petits et grands. Ses ouvrages les plus connus sont ceux de la série Loup aux éditions Auzou. Amoureuse des mots, ses textes mêlent contes et quotidien, humour et poésie.

Éléonore Thuillier

Éléonore Thuillier se consacre entièrement à l'illustration jeunesse depuis 2007. En 2009, elle crée avec Orianne Lallemand le personnage de Loup. Ce loup donnera lieu à une série au succès grandissant.

Mes grands albums

dès 3 ans | 250 x 250 mm • Couverture mousse • 32 pages | 9,80 €

9782733878422

Le loup qui explorait Paris

9782733866573

Le loup qui avait un nouvel ami

9782733864548

Le loup qui escaladait les montagnes

9782733855928

Le loup qui rêvait d'océan

9782733851487

Le loup qui apprivoisait ses émotions

9782733847220

Le loup qui n'aimait pas lire

9782733841020

Le loup qui voulait être un super-héros

9782733844069

Le loup qui avait la tête dans les étoiles

Mes grands albums

dès 3 ans

250 x 250 mm • Couverture mousse • 32 pages

9,80 €

Le loup qui enquêtait au musée

Le loup qui avait peur de son ombre

Le loup qui fêtait son anniversaire

Le loup qui découvrait le pays des contes

Le loup qui n'aimait pas Noël

Le loup qui voyageait dans le temps

Le loup qui voulait être un artiste

Le loup qui cherchait une amoureuse

Le loup qui ne voulait plus marcher

Le loup qui voulait faire le tour du monde

Le loup qui s'aimait beaucoup trop

Le loup qui voulait changer de couleur

Mes p'tits albums

dès 3 ans | 210 x 210 mm • Couverture souple • 32 pages | 5,95 €

NOUVEAU

9782733883969

Le loup qui avait un nouvel ami

9782733874820

Le loup qui escaladait les montagnes

9782733866580

9782733867006

Le loup qui rêvait d'océan

9782733855911

9782733884416

Le loup qui apprivoisait ses émotions

9782733851494

Le loup qui n'aimait pas lire

9782733846780

Le loup qui avait la tête dans les étoiles

9782733839355

Le loup qui enquêtait au musée

9782733836552

Le loup qui avait peur de son ombre

9782733833322

Le loup qui découvrait le pays des contes

9782733827215

Le loup qui fêtait son anniversaire

Mes p'tits albums

dès 3 ans | 210 x 210 mm • Couverture souple • 32 pages | 5,95 €

9782733827208

Le loup qui voyageait dans le temps

9782733822579

Le loup qui voulait être un artiste

9782733819685

Le loup qui cherchait une amoureuse

9782733819029

Le loup qui ne voulait plus marcher

9782733813690

Le loup qui s'aimait beaucoup trop

9782733843161

Le loup qui voulait être un super-héros

9782733847404

9782733846810

9782733822319

Le loup qui voulait faire le tour du monde

9782733842478

9782733842461

9782733811832

Le loup qui voulait changer de couleur

9782733828038

9782733828045

Breton
9782733839300

Alsacien
9782733839317

Picard
9782733839324

Occitan
9782733839331

Corse
9782733839348

Catalan
9782733839379

Basque
9782733839362

Ch'ti
9782733841662

Créole réunionnais
9782733841112

Créole martiniquais
9782733841129

Créole guyanais
9782733841136

Créole guadeloupéen
9782733841143

Mes grands albums collector

dès 3 ans | 250 x 250 mm • Couverture cartonnée avec jaquette • 36 pages | 9,95 €

Les histoires emblématiques dans une édition limitée pour fêter les dix ans de Loup !

9782733872376

Le loup qui cherchait une amoureuse

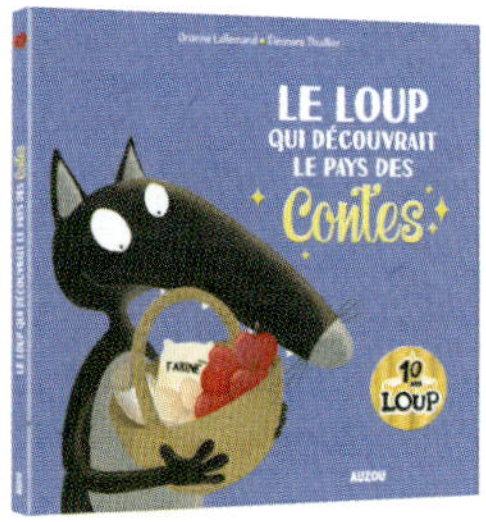

9782733872413

Le loup qui découvrait le pays des contes

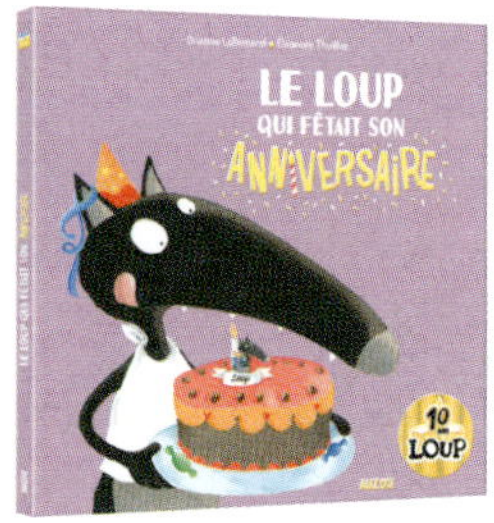

9782733872437

Le loup qui fêtait son anniversaire

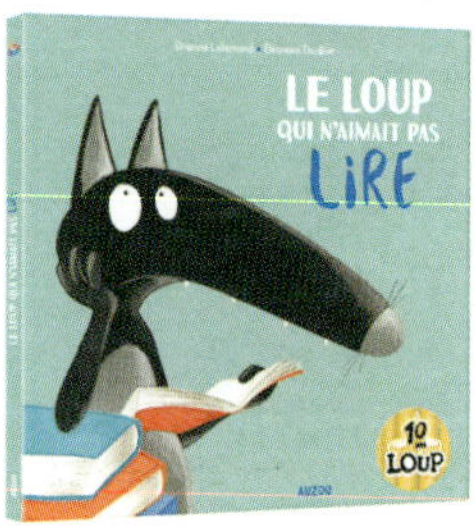

9782733872451

Le loup qui n'aimait pas lire

9782733872444

Le loup qui n'aimait pas Noël

9782733872383

Le loup qui voulait changer de couleur

9782733872406

Le loup qui voulait être un super-héros

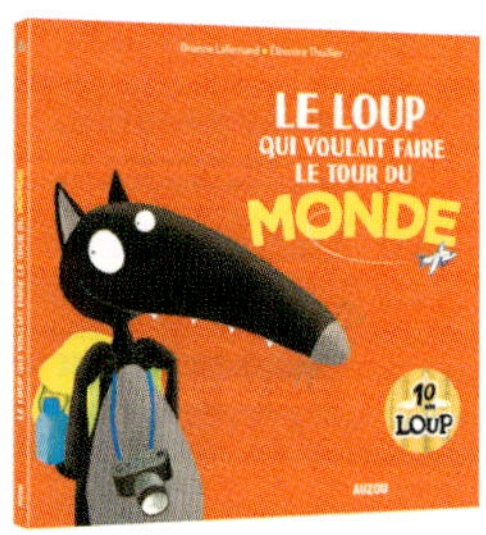

9782733872390

Le loup qui voulait faire le tour du monde

9782733872420

Le loup qui voyageait dans le temps

Recueils

dès 3 ans

210 x 210 mm • Couverture mousse • 164 pages • 5 histoires • 1 marque-page

19,95 €

Ces recueils sont des compilations d'histoires tendres et drôles de Loup à raconter, à écouter et à offrir pour partager de bons moments.

9782733864814

Mes plus belles histoires de Loup (ombre / musée / héros / étoiles / lire)

9782733864791

Mes plus belles histoires de Loup (couleur / s'aimait beaucoup trop / amoureuse / marcher / monde)

9782733864807

Mes plus belles histoires de Loup (artiste / temps / Noël / anniversaire / contes)

Mes p'tits albums à écouter

dès 3 ans

210 x 210 mm • Tout-carton • 10 doubles-pages

14,50 €

9782733825358

Le loup qui ne voulait plus marcher

Version bilingue

9782733856819

9782733832707

Le loup qui voulait changer de couleur

Version bilingue

9782733825365

9782733839393

Le loup qui voulait faire le tour du monde

Mes p'tits albums à toucher

dès 3 ans

210 x 210 mm • 16 pages • matières à toucher

12,50 €

9782733877159

L'histoire lue

dès 3 ans | 250 x 250 mm • 32 pages • 1 CD | 11,95 €

Les classiques de Loup à retrouver accompagnés d'un CD.
Les histoires sont lues par un comédien professionnel.

9782733876824

Le loup qui apprivoisait ses émotions

9782733866429

Le loup qui voulait changer de couleur

9782733866436

Le loup qui cherchait une amoureuse

9782733866443

Le loup qui fêtait son anniversaire

9782733866450

Le loup qui voulait faire le tour du monde

Les peluches

Tous âges | 300 mm | prix conseillé 14,95 €

9782733859193

NOUVEAU

9782733886786

Loup nu - Louve nue
Compatibles avec toutes les tenues de Loup et Louve.

prix conseillé 10,95 €

NOUVEAU

9782733882139

Loup aviateur

9782733878446

Loup pirate

9782733866689

Loup à la plage

9782733852897

Loup marinière et jean

9782733863725

Loup Noël

9782733847237

Loup salopette

9782733872499

Loup prince

9782733872505

Louve princesse

9782733872482

Loup super-héros

unicef
pour chaque enfant

9782733847244

Loup sportswear

Les peluches
Tous âges

9782733847251

Louve robe d'été
• Prix de vente conseillé : 14,95 €

9782733847268

Demoiselle Yéti
350 mm
• Prix de vente conseillé : 14,95 €

NOUVEAU

9782733887400

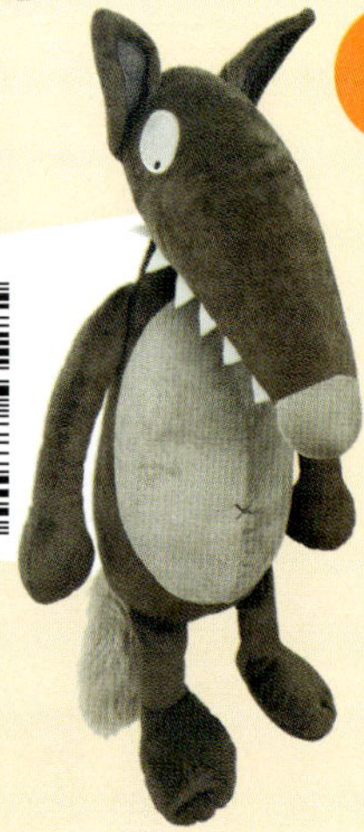

60 cm

La peluche Loup taille moyenne nue
600 mm x 600 mm (bras écartés) • Non compatible avec les tenues • **Prix de vente conseillé : 24,95 €**

60 cm

9782733836941

La peluche Loup habillé taille moyenne
600 mm x 600 mm (bras écartés)
• tenue marinière + jean • Non compatible avec d'autres tenues
• **Prix de vente conseillé : 27,95 €**

prix conseillé 27,95 €

Les coffrets peluches
dès 3 ans
prix conseillé 19,95 €

NOUVEAU

9782733886779

Coffret recueil 3 histoires + peluche Loup nue
Coffret : 400 x 240 mm
• 1 peluche Loup nue
• 1 livre - couverture mousse
• 210 x 210 mm • 104 pages

130 cm

9782733884090

La peluche géante Loup
1,30 m x 1,20 m (bras écartés)
• Non compatible avec les tenues
• **Prix de vente conseillé : 140 €**

Les tenues

Tous âges

prix conseillé 12,90 €

Adaptées pour les peluches de Loup et Louve.

9782733874530

La tenue en pull

NOUVEAU

9782733881484

La tenue Louve relax

9782733841099

La tenue de nuit

9782733841105

La tenue de pluie

9782733841075

La tenue de ville

9782733847213

La tenue de super-héros

9782733856802

La tenue d'hiver

Déguisement

4-7 ans

130 cm • 100% polyester • fermeture Éclair dans le dos pour une utilisation pratique

34,95 €

L'accessoire complet
pour se mettre dans la peau de Loup !

130 cm

9782733863664

Déguisement Loup

Les figurines

dès 3 ans

Les figurines individuelles

Packs : 120 x 70 mm • figurines : 80 x 45 mm

prix conseillé 6,95 €

9782733842508

Loup détective

9782733836774

Mardi

9782733836811

Samedi

9782733836828

Dimanche

Les figurines en duo

Packs Loup et Louve : 120 x 135 mm • figurines : 80 x 45 mm

prix conseillé 10,50 €

9782733842515

Loup et Louve super-héros

9782733836835

Loup et Louve tour du monde

9782733842522

Loup chevalier et Louve princesse

9782733836859

Loup et Louve anniversaire

Ma pochette d'artiste

245 x 200 mm

Créatives et amusantes : des pochettes à la mesure du plus exubérant des loups !

9782733881477

Mes cartes à gratter Loup

10 cartes à gratter • 1 crayon en bois

• Prix de vente conseillé : 7,95 €

9782733878439

Mes autocollants Loup - C'est la fête !

6 décors • 5 planches d'autocollants

• Prix de vente conseillé : 4,95 €

9782733866702

Mes autocollants Loup - Aventure

6 décors • 5 planches d'autocollants

• Prix de vente conseillé : 4,95 €

Les activités dès 3 ans

9 782733 870464

Cahier de stickers - Mes déguisements Loup
220 x 295 mm • 7 scènes
• 3 planches d'autocollants
• **5,95 €**

9 782733 876855

Mes autocollants malins Loup autour du monde
220 x 295 mm • 7 scènes
• 3 planches d'autocollants
• **5,95 €**

9 782733 855959

J'exprime mes émotions avec Loup
250 x 200 mm + fermeture élastique + 4 planches d'autocollants
• **12,95 €**

9 782733 844861

Ma mallette Loup au Pays des contes
Coffret : 288 x 242 mm
• livre : 210 x 210 mm +1 jeu de 28 dominos : 70 x 45 mm + 1 puzzle de 25 pièces : 210 x 210 mm • **14,95 €**

Mon fabuleux bloc d'activités

225 x 225 mm • couvertures cartonnées avec reliure spirale • 2 planches d'autocollants + pochoirs • 60 pages

6,95 €

9 782733 846797

Loup et ses amis

9 782733 851517

Un hiver avec Loup

NOUVEAU

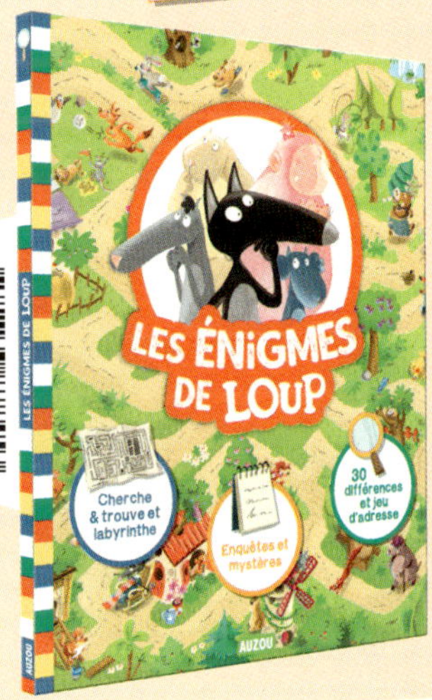

9 782733 878453

Les énigmes de Loup
250 x 320 mm
• tout-carton
• 8 doubles-pages
• **14,95 €**

Cartes postales Anniversaire Loup
9 782733 841044
prix conseillé **7,50 €**

La pièce de théâtre du Loup qui voulait changer de couleur
9 782733 851500
6,50 €

Mon coloriage du Loup qui voulait changer de couleur
9 782733 849149
3,50 €

Cherche et trouve géant

322 x 466 mm • tout-carton • 9 doubles-pages | 22,95 € | dès 3 ans

NOUVEAU

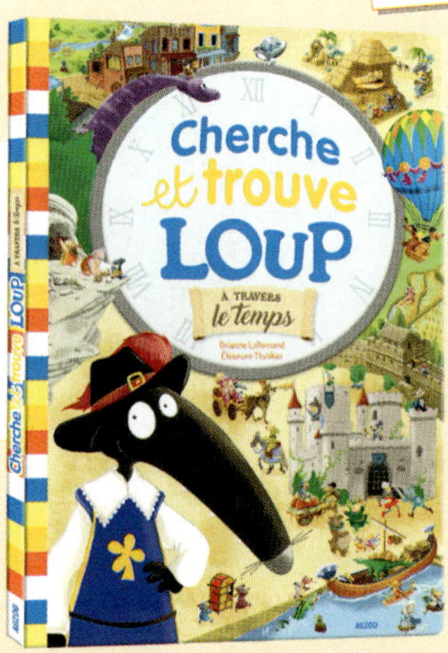

Cherche et trouve géant Loup à travers le temps

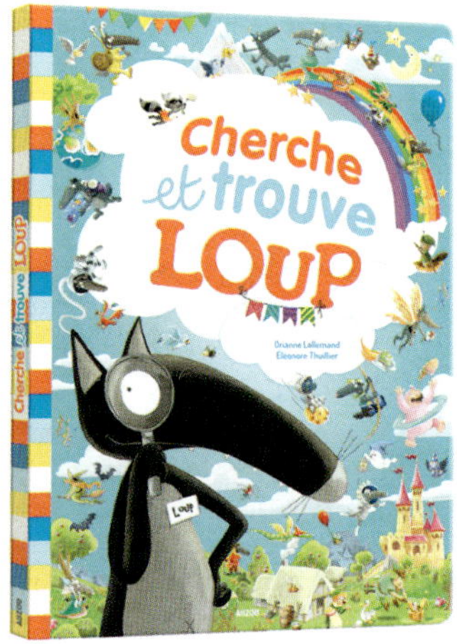

Cherche et trouve géant Loup

Pop-up

dès 3 ans

NOUVEAU

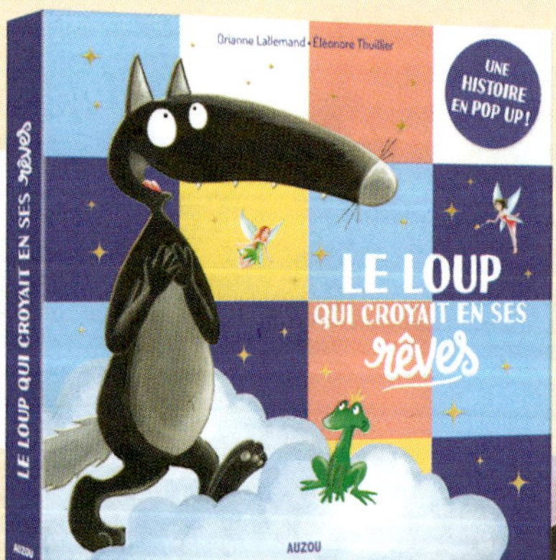

Le loup qui croyait en ses rêves
290 x 290 x 30 mm
• 16 doubles-pages
• **29,95 €**

Papiers découpés

dès 3 ans

Les voyages secrets de Loup
233 x 340 x 35 mm • 10 doubles-pages
• **24,95 €**

Les jeux dès 4 ans

Les jeux de cartes

Boîte : 125 x 85 x 25 mm • 45 cartes filmées : 70 x 99 mm • Ouverture tiroir et ruban

prix conseillé 7,95 €

Une collection de premiers jeux mobilisant astuce, observation et rapidité chez les jeunes joueurs.

Tap, tap anniversaire !

Rapido go !

Le loup qui voulait changer de couleur

Les jeux de société

Le tour du monde de Loup

Boîte : 320 x 290 mm
• 54 cartes filmées
• 1 plateau de jeu
• 1 pion en métal
• 1 dé • **Prix de vente conseillé : 24,95 €**

NOUVEAU

Enquête au musée

Boîte : 245 x 150 x 50 mm
• 1 plateau de jeu
• 1 pion Loup • 1 dé
• 1 jeton • 11 cartes
• **Prix de vente conseillé : 11,95 €**

Les puzzles dès 3 ans

Boîte : 320 x 220 x 60 mm • puzzle : 315 x 435 mm • 54 pièces

prix conseillé 14,50 €

Loup

9 782733 835449

Anniversaire

9 782733 844168

Contes et légendes

9 782733 841051

Le jeu de plein-air

9 782733 870549

Le Mölkky Loup

Boîte : 210 x 345 x 110 mm • 12 quilles • 1 lanceur
• **Prix de vente conseillé : 27,50 €**

Les cahiers de vacances dès 2 ans

200 x 270 mm • 1 planche d'autocollants

4,95 €

9 782733 879955

Je rentre en petite section avec Loup
Textes pédagogiques : N. Cura / T. Siegfriedt / M. Gene
• 36 pages

9 782733 879962

Je rentre en moyenne section avec Loup
Textes pédagogiques : AF. Tapella / T. Siegfriedt / AC. Couval
• 36 pages

9 782733 879979

Je rentre en grande section avec Loup
Textes pédagogiques : MC. Jensen / T. Siegfriedt / AC. Couval
• 36 pages

Je rentre en CP avec Loup
Textes pédagogiques : AF. Tapella / A. Perrot L. Lefèvre
• 48 pages

Anglais

9 782733 879986

Allemand

9 782733 870518

9 782733 880005

Je rentre en CE1 avec Loup
Textes pédagogiques : S. Wendling / L. Lefèvre / A. Perrot
• 48 pages

9 782733 880012

Je rentre en CE2 avec Loup
Textes pédagogiques : A. Rémond / C. Digne
• 48 pages

Mon cahier de soutien

dès 5 ans

280 x 220 x 12 mm • couverture souple avec rabats contenant des mémentos

Mon année de moyenne section avec Loup

Textes pédagogiques : S. Dumée / C. Marchand • 104 pages + 1 poster • **7,90 €**

Mon année de grande section avec Loup

Textes pédagogiques : B. Doucet / A. Kalicky • 104 pages + 1 poster • **7,90 €**

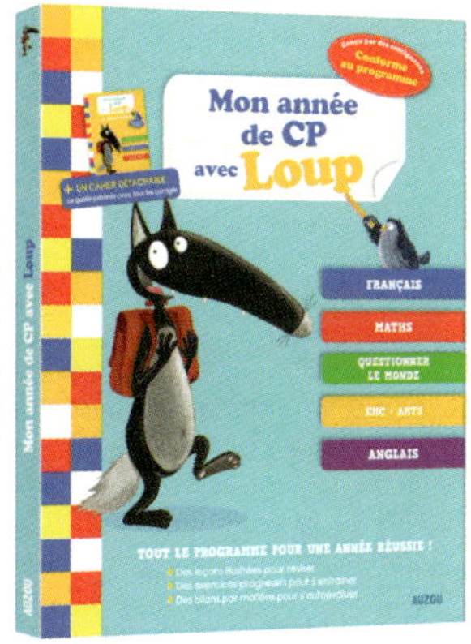

Mon année de CP avec Loup

Textes pédagogiques : S. Bakewell / S. Dumée / A. Perrot • 264 pages • 1 livret des corrigés • **9,50 €**

VOIR TOUTE LA COLLECTION P.205

Mon cahier d'écriture avec Loup

230 x 230 mm • Piqué métal sans rabats • 1 poster • Textes pédagogiques : M. Gené • 34 pages • **4,95 €**

Mon cahier de calcul avec Loup

230 x 230 mm • Piqué métal sans rabats • 1 poster • Textes pédagogiques : T. Siegfriedt - 40 pages • **4,95 €**

Mes lectures de CP avec Loup

dès 6 ans | 147 x 190 x 5 mm • 40 pages | 5,50 €

Une nouvelle collection de premières lectures pédagogiques 100% Loup
pour les enfants rentrant à l'école primaire.
Illustrations : Sess

1 MARQUE-PAGE INCLUS

Le fabuloup gâteau de Gros-Louis

Alfred et le monstre de la forêt

La drôle de maladie de Demoiselle Yéti

Le secret de Joshua

L'anniversaire de Louve

La machine à vœux de Valentin

Je me repère dans le temps dès 3 ans

J'apprends à lire l'heure avec Loup

240 x 295 mm
• 18 pages
• 1 horloge intégrée
• 11,50 €

Mon calendrier en tissu Loup dès 5 ans

570 x 420 mm • calendrier en tissu avec poignées et poches • badges en carte épaisse avec scratch • vendu dans une pochette PVC
• Prix de vente conseillé : 34,95 €

Les calendriers de l'avent dès 3 ans

Mon calendrier de l'avent Loup

Boîte : 300 x 415 mm • 1 décor
• 10 figurines • 8 papertoys
• 12 planches d'autocollants
• Prix de vente conseillé : 24,95 €

NOUVEAU

Mon calendrier de l'avent Loup

Boîte : 310 x 360 x 45 mm
• 24 figurines
• Prix de vente conseillé : 24,95 €

P'TIT LOUP

P'tit Loup, plus petit
et encore plus mignon
que le grand, mais
toujours aussi drôle
et touchant !

Mon album P'tit Loup

dès 2 ans

160 x 160 mm • couverture mousse • 20 pages plastifiées

4,95 €

Des albums dédiés à l'apprentissage des enfants dans leur quotidien.

NOUVEAU

P'tit Loup sauve la planète
• 5,20 €

P'tit Loup ne met plus de couches

P'tit Loup se déguise

P'tit Loup ne veut pas ranger

Mon album P'tit Loup

dès 2 ans | 160 x 160 mm • couverture mousse • 20 pages plastifiées | 4,95 €

9782733868348

P'tit Loup va chez Papi et Mamie

9782733866511

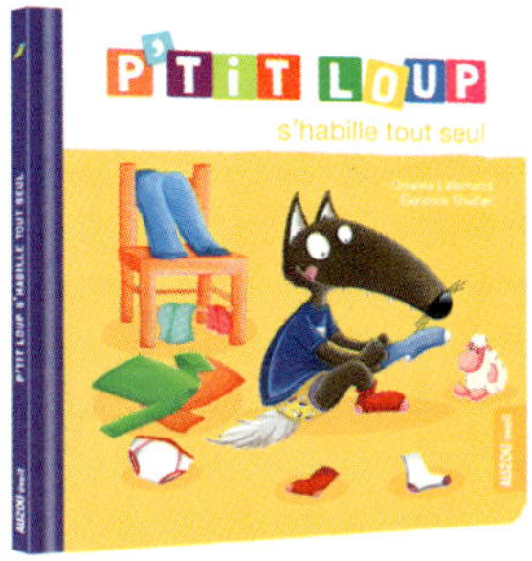

P'tit Loup s'habille tout seul

9782733863060

P'tit Loup fait une colère

9782733860830

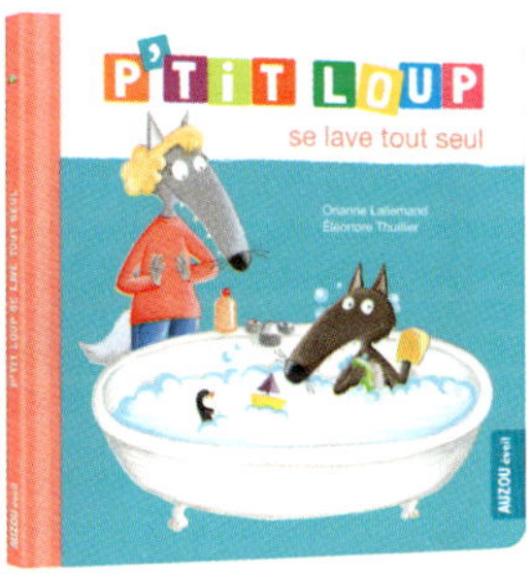

P'tit Loup se lave tout seul

9782733855966

P'tit Loup apprend à jardiner

9782733855348

P'tit Loup va chez le docteur

9782733851524

P'tit Loup veut être le chef

9782733858219

P'tit Loup n'a plus besoin de tétine

9782733847831

P'tit Loup va à la piscine

Mon album P'tit Loup

dès 2 ans | 160 x 160 mm • couverture mousse • 20 pages plastifiées | 4,95 €

9782733846827

P'tit Loup fait du ski

9782733844045

P'tit Loup est poli

9782733842560

P'tit Loup part en voyage

9782733847275

P'tit Loup fête son anniversaire

9782733830574

P'tit Loup prépare Noël

9782733837870

P'tit Loup est le roi de la galette

9782733841341

P'tit Loup a un bobo

9782733835166

P'tit Loup dit toujours non

9782733833377

P'tit Loup va à la plage

Mon album P'tit Loup

dès 2 ans | 160 x 160 mm • couverture mousse • 20 pages plastifiées | 4,95 €

9782733832691

P'tit Loup devient grand frère

9782733833339

P'tit Loup n'aime que les pâtes

9782733822388

P'tit Loup rentre à l'école

9782733822371

P'tit Loup va sur le pot

9782733824252

P'tit Loup a peur du noir

9782733824245

P'tit Loup aime son doudou

9782733827727

P'tit Loup fête Pâques

9782733827765

P'tit Loup part en vacances

9782733830567

P'tit Loup ne veut pas partager

P'tit Loup aime...

dès 2 ans | 195 x 195 mm • couverture cartonnée avec découpe | 6,95 €

Une ode à l'amour dans ces livres pleins de tendresse.

NOUVEAU

9 782733 876688

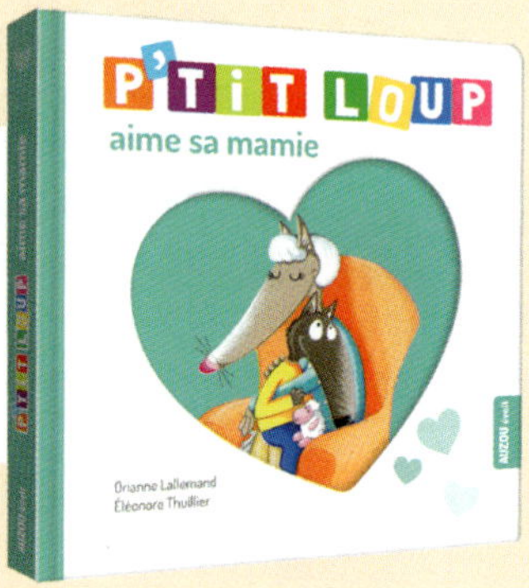

P'tit Loup aime sa mamie

9 782733 866542

P'tit Loup aime sa nounou

9 782733 858677

P'tit Loup aime sa maîtresse

9 782733 852804

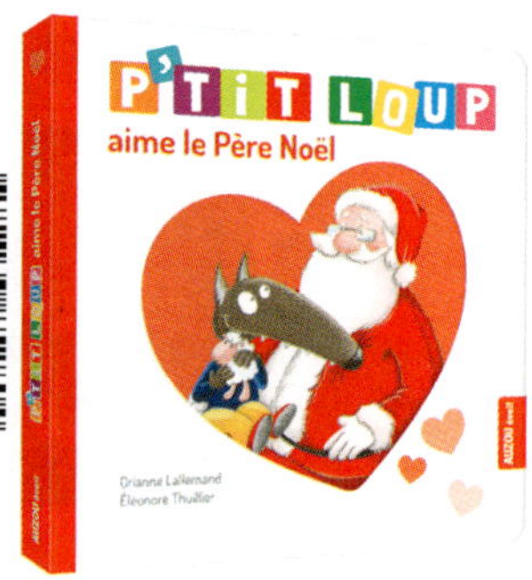

P'tit Loup aime le Père Noël

9 782733 849156

P'tit Loup aime sa maman

9 782733 874912

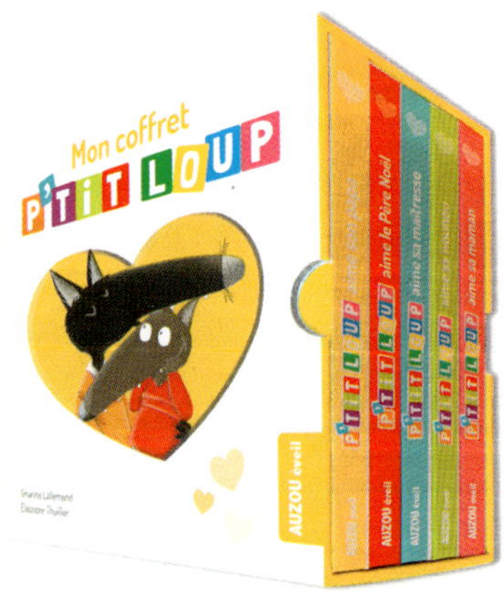

Mon coffret P'tit Loup aime...
195 x 195 x 65 mm • couverture cartonnée avec découpe • **14,95 €**

9 782733 849163

P'tit Loup aime son papa

Mon coffret P'tit Loup dès 2 ans 19,95 €

Des accessoires de qualité accompagnés d'histoires pédagogiques de P'tit Loup, le tout réuni dans de beaux coffrets économiques.

9782733873830

Mon premier coffret repas

335 x 230 x 50 mm • 1 album • 1 assiette • 1 fourchette • 1 cuillère

9782733872918

Mon coffret veilleuse avec P'tit Loup

335 x 210 x 80 mm • 1 recueil de 7 histoires • 1 veilleuse « mouton »

9782733868485

Mon coffret pour devenir autonome

340 x 260 x 25 mm • 2 livres : 160 x 160 mm, couverture mousse, 20 pages plastifiées • 1 planificateur avec jetons aimantés • 14,95 €

9782733857427

Mon coffret de jardinage

355 x 230 mm • 1 livre : 160 x 160 mm, couverture mousse, 20 pages plastifiées • 3 outils • **Prix de vente conseillé 16,95 €**

Les jeux P'tit Loup dès 2 ans

Pour s'initier aux jeux en famille dès le plus jeune âge.

NOUVEAU

Mon premier jeu de l'oie

320 x 220 x 40 mm • 1 plateau • 4 pions • 1 dé en bois
• Prix de vente conseillé : 14,95 €

NOUVEAU

Mes 3 puzzles en bois

260 x 170 x 55 mm • 3 niveaux • 52 pièces
• Prix de vente conseillé : 14,95 €

Jeu de mémory - Où est Doudou ?

120 x 85 mm • 46 cartes
• Prix de vente conseillé : 7,95 €

Le jeu du marchand de sable

180 x 120 x 35 mm • 12 cartes • 2 plateaux • 1 dé • 12 jetons mémory
• Prix de vente conseillé : 10,95 €

Mes premiers apprentissages

Mon livre-ardoise

dès 3 ans

270 x 215 mm • tout-carton • livre ardoise • feutre et feuilles effaçables • 16 pages

7,50 €

Je trace les lettres bâton majuscules avec P'tit Loup

Je trace mes premiers chiffres avec P'tit Loup

Je trace mes premières formes avec P'tit Loup

Je trace les lettres minuscules avec P'tit Loup

Mes premiers apprentissages dès 3 ans

Mes premiers apprentissages avec P'tit Loup

280 x 295 mm • couverture souple avec poignée • 32 pages • 1 planche d'autocollants • **4,95 €**

Je découvre les premières notions avec P'tit Loup

Coffret : 300 x 210 x 61 mm • tout-carton : 200 x 180 mm • 6 onglets • 18 pages • 6 cubes • **14,95 €**

Ma valisette d'éveil dès 1 an

Coffret : 170 x 330 x 20 mm • poignée tissu • 4 livres tout-carton : 160 x 160 mm • 6 doubles-pages chacun **15,95 €**

Chiffres, formes, couleurs, contraires

L'hiver, le printemps, l'été, l'automne

Les cahiers de vacances

dès 2 ans

200 x 270 mm • 1 planche d'autocollants • 36 pages

4,95 €

VOIR TOUTE LA COLLECTION P.205

9782733878392

Mon premier cahier de vacances P'tit Loup

Textes pédagogiques : F. Giraud / N. Cura

Je découvre avec P'tit Loup

2 ans

250 x 250 mm • Tout-carton • 10 pages

9,95 €

Les premières découvertes des tout-petits expliquées avec pédagogie et délicatesse.

9782733866559

Le livre puzzle de P'tit Loup

9782733844113

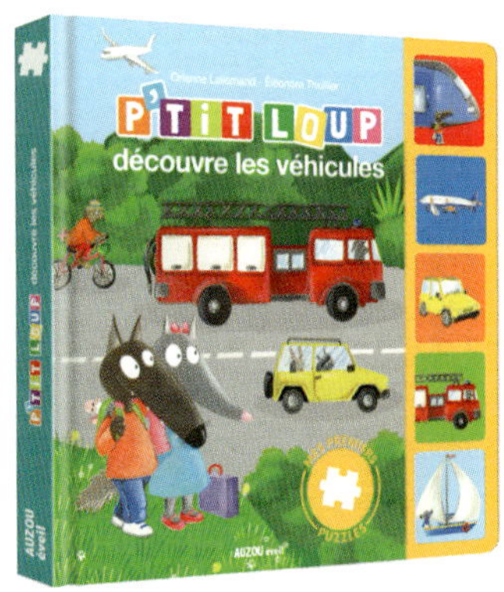

P'tit Loup découvre les véhicules

Je découvre avec P'tit Loup

2 ans | 225 x 225 mm • tout-carton | 14,95 €

NOUVEAU

9782733880852

Mon livre à compter P'tit Loup
Avec un boulier • 24 pages

9782733863732

Au dodo, P'tit Loup !
Livre à mécanismes
6 onglets • 14 pages

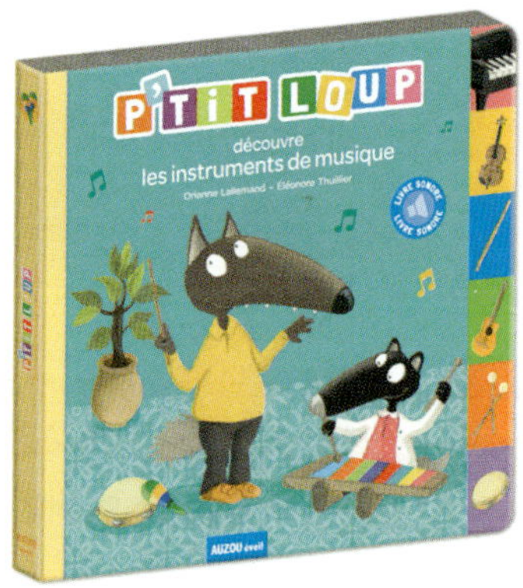

9782733867020

P'tit Loup découvre les instruments de musique
Puces sonores • 12 pages

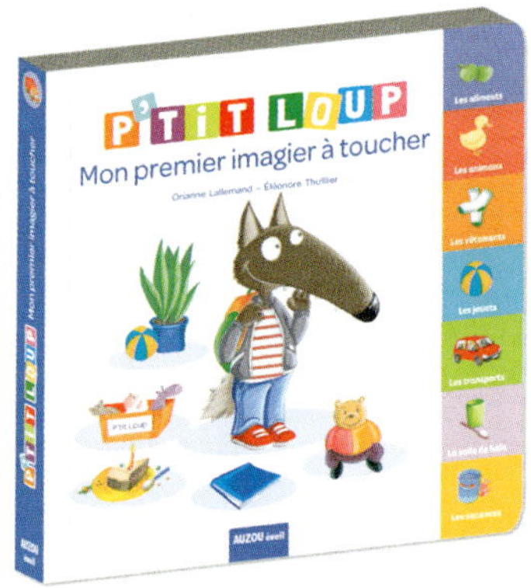

9782733872901

Mon premier imagier à toucher
Matières à toucher • 14 pages

NOUVEAU

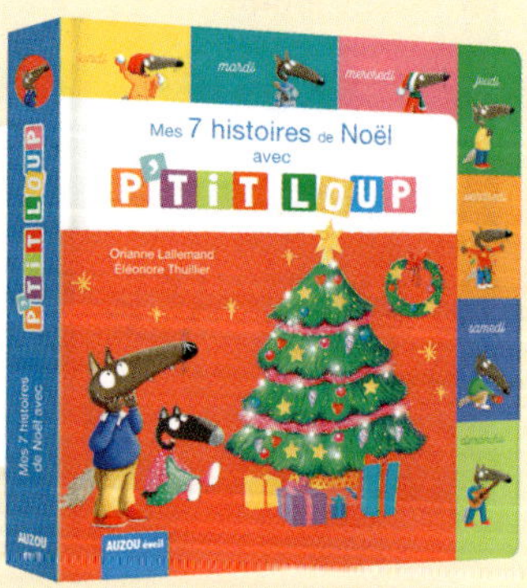

9782733881873

Mes 7 histoires de Noël avec P'tit Loup

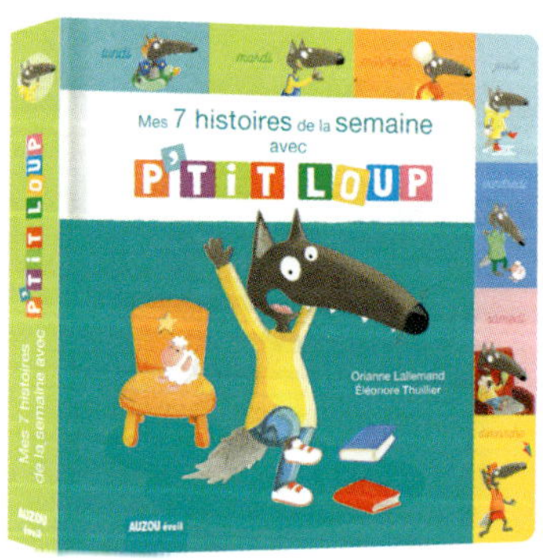

9782733874448

Mes 7 histoires de la semaine avec P'tit Loup

9782733858745

Mes 7 histoires pour m'endormir avec P'tit Loup

Mon grand livre dès 3 ans

Le miroir des émotions avec P'tit Loup

235 x 290 mm

- 1 miroir en aluminium
- Un ouvrage interactif avec un miroir à chaque page pour apprendre à identifier, verbaliser et apprivoiser ses émotions
- **9,95 €**

Mon grand livre du calme avec P'tit Loup

260 x 260 mm

- Des activités pour développer sa concentration et se relaxer et une grande planche d'autocollants pour apporter le côté « ludique »
- **8,95 €**

Mes premiers sonores dès 1 an

160 x 160 x 15 mm | **10,95 €**

Des albums sonores pour chanter, danser et se familiariser avec les instruments de musique.

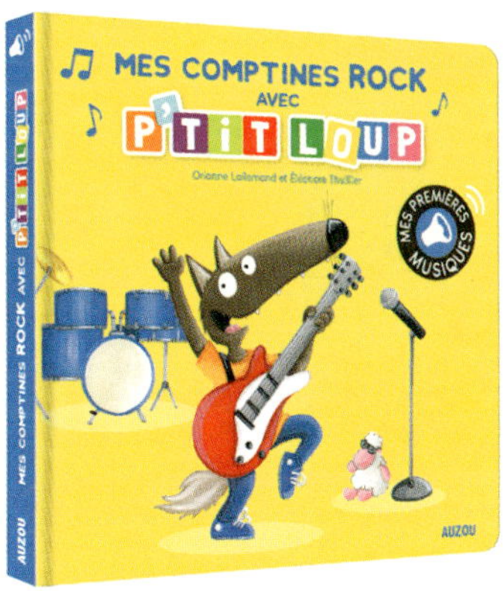

Mes comptines rock avec P'tit Loup

NOUVEAU

Mes comptines jazz avec P'tit Loup

Mon premier livre de bain

dès 1 an

Livre : 145 x 145 mm matière plastique pour le bain • 8 pages • pochette plastique sur cartonnette

6,95 €

Des livres de bain P'tit Loup pour amuser les tout-petits pendant le bain, à travers des histoires courtes et rigolotes.

Ma valisette de bain P'tit Loup - Au bain !

Livre : 145 x 145 mm • 4 doubles-pages plastifiées en mousse + 1 jouet en plastique + 1 sac en PVC muni d'une anse en tissu • **9,95 €**

9 782733 849392

À la ferme

9 782733 866818

Au bain !

9 782733 835036

À la piscine

9 782733 842546

Les animaux marins

9 782733 842553

À la mer !

9 782733 835029

Je m'endors avec P'tit Loup

Tous âges

Mon premier livre de photos

Tous âges

Mon doudou P'tit Loup
240 x 240 mm • doudou : peluche + fourrure + tissus + poche + attache-sucette + anneau de dentition
• **16,95 €**

9 782733 844212

Mon premier livre de photos avec P'tit Loup
220 x 165 mm • 4 doubles-pages en tissu avec pochettes plastifiées • **14,95 €**

9 782733 873823

Mes premiers coloriages

Tous âges

210 x 210 mm • 24 pages

4,95 €

Pâques

9 782733 855973

Les jouets

9 782733 846834

Les vacances

9 782733 849934

Noël

9 782733 852828

Ma première pochette d'artiste

dès 3 ans

NOUVEAU

Les vacances
245 x 200 mm • 6 décors • 100 autocollants
• Prix de vente conseillé : 4,95 €

Noël
245 x 200 mm • 6 décors
• 100 autocollants
• Prix de vente conseillé : 4,95 €

Ma peinture magique avec P'tit Loup
245 x 200 mm
• 10 tableaux • 1 pinceau
• Prix de vente conseillé : 7,95 €

Mon cahier d'autocollants

dès 2 ans | 210 x 210 mm • 16 pages | 4,95 €

NOUVEAU

C'est Noël !

Joyeuses Pâques !

Mon cahier d'autocollants P'tit Loup

Mon cahier d'activités

dès 3 ans

210 x 210 mm • 16 pages

4,95 €

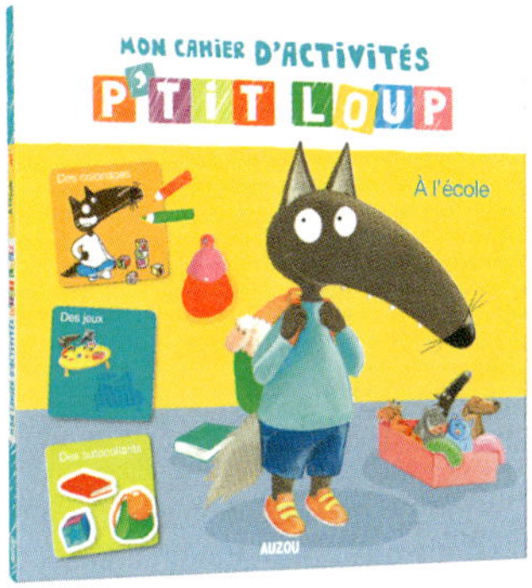

9 782733 851470

À l'école

9 782733 847282

Pâques

9 782733 844946

Noël

9 782733 842607

Les vacances

Ma pochette de gommettes

135 x 190 mm • 100 gommettes

prix conseillé 4,95 €

dès 3 ans

NOUVEAU

9 782733 888285

100 gommettes - P'tit Loup

Cherche et trouve

227 x 272 mm • 20 pages • couverture mousse

10,50 €

Tous âges

9 782733 878347

Vive les vacances !

ÉVEIL

Jouets d'éveil, livres à matières, à odeurs, sonores, de bain ou encore en tissu… accompagnent les tout-petits dans leur cheminement sensoriel, moteur et langagier.

Point de départ de toute découverte, la stimulation des sens favorise le développement et la curiosité au monde, pour accompagner les jeunes enfants vers l'autonomie et les premiers apprentissages.

Jeux d'éveil

Des jeux en bois de qualité pour s'amuser et assimiler des connaissances.

Mes tout premiers jeux — dès 2 ans

9782733868270

Les fruits
Helen Dardik
260 x 230 x 35 mm
• 16 perles en bois • **16,50 €**

9782733863671

Jolis matous
Helen Dardik
260 x 230 x 35 mm
• 16 perles en bois • **16,50 €**

Mes tout premiers jeux dès 2 ans

NOUVEAU

Ma première pêche à la ligne

Wendy Kendall

250 x 250 x 60 mm • 12 poissons en bois • 2 cannes à pêche • 1 plateau de jeu sur 3 niveaux • **Prix de vente conseillé : 19,95 €**

dès 3 ans

Mon circuit de voitures en puzzle

Émilie Lapeyre

365 x 225 x 70 mm • 1 poster
• 1 puzzle géant de 25 pièces
• 4 véhicules en bois • **19,95 €**

NOUVEAU

Mon mémory en bois - Les animaux

Wendy Kendall

222 x 155 x 35 mm • 18 pièces en bois
• 1 poster • **Prix de vente conseillé : 12,95 €**

Jeux d'éveil

Mes premiers jeux magnétiques

9782733872352

dès 3 ans

Mon grand tableau des émotions

Virginie Hanna / Mélanie Combes

340 x 340 x 5 mm • 1 tableau en bois avec anse • 30 aimants • 17,95 €

Mes premiers cubes

9782733872994

Mon château en bois

dès 10 mois

Sophie Ledesma

170 x 170 mm • 14 éléments en bois dont 6 sensoriels (cubes sonores, boulier, miroir)

• Prix de vente conseillé : 17,95 €

NOUVEAU

tactile

9782733884911

Mes 10 cubes à toucher et à empiler

dès 18 mois

Sorcha Faulkner

150 x 150 mm • 5 matières à toucher

• Prix de vente conseillé : 22,95 €

Jeux d'éveil

Mes premiers puzzles en bois

9 782733 876954

dès 18 mois

Formes et animaux - Mes puzzles en bois
Helen Dardik
310 x 150 mm • 8 pièces • 1 plaque en bois
• Prix de vente conseillé : 9,95 €

9 782733 869239

dès 2 ans

Mes p'tits rituels
Sophie Lhomelet-Chapellière / Amy Blay
240 x 100 x 36 mm • 6 puzzles de 3 pièces
• Boîte en cloche avec fenêtre **• 14,95 €**

9 782733 866085

dès 2 ans

Mes silhouettes en bois
Isabelle Jacqué
160 x 200 x 50 mm
• Pièces en bois
• Prix de vente conseillé : 14,95 €

9 782733 878644

dès 2 ans

Les oursons s'habillent Mes silhouettes en bois
Isabelle Jacqué
160 x 200 • 18 pièces
• 1 plaque en bois
• Prix de vente conseillé : 14,95 €

9 782733 878040

Mon puzzle des animaux
dès 3 ans

Sophie Ledesma
270 x 235 x 25 mm • 10 pièces en bois à encastrer **• Prix de vente conseillé : 19,95 €**

NOUVEAU

9 782733 880036

Mes 3 puzzles en bois
dès 3 ans

Orianne Lallemand / Éléonore Thuillier
260 x 170 x 55 mm • 3 niveaux • 52 pièces
• Prix de vente conseillé : 14,95 €

Sophie la girafe

dès 1 an

La plus célèbre des girafes déclinée sous de magnifiques ouvrages.

Marie Vanderbemden

Mon très grand livre d'éveil Sophie la girafe

342 x 466 mm • Tout-carton • 4 doubles-pages • 12 matières à toucher • 1 miroir • Des effets • **24,95 €**

Où est Sophie ?

195 x 195 mm
- Tout-carton
- 5 doubles-pages
- 5 flaps en tissu
- **8,50 €**

Patamuse

167 x 167 mm • 24 pages | dès 2 ans | **4,95 €**

Des héros tout en pâte à modeler, une parfaite initiation au DIY !

Anne Marchand-Kalicky

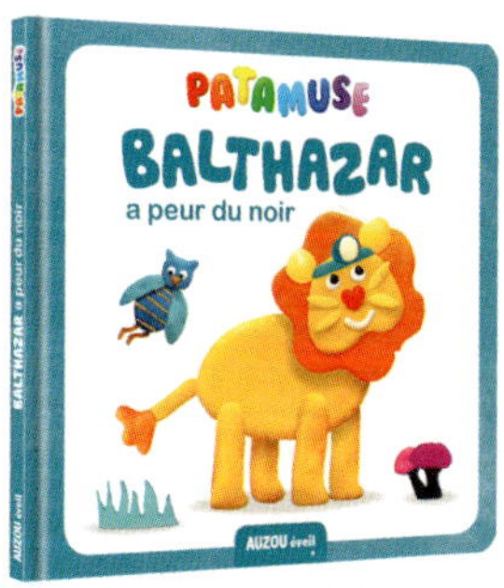

Balthazar a peur du noir

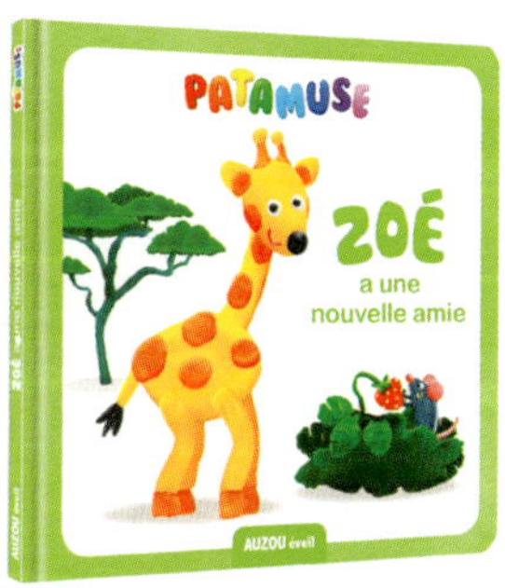

Zoé a une nouvelle amie

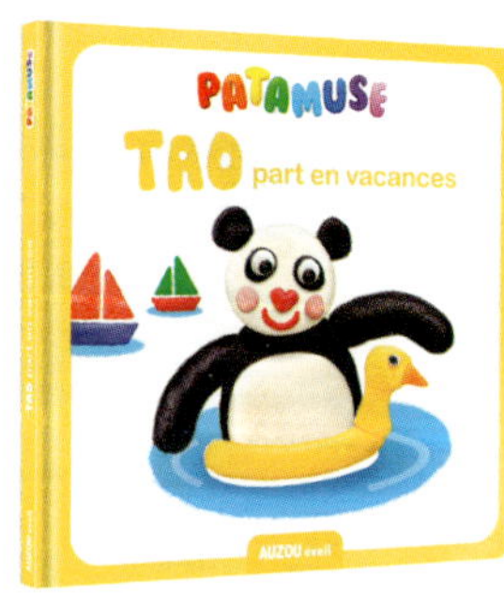

Tao part en vacances

Livres de bain

Mes amis du bain

dès 1 an · visuel

Les amis du bain sont des amis bien originaux : aux couleurs magiques, en mousse...

Tiago Americo

Mon coffret de bain

228 x 270 mm • 1 livre • 1 poster de bain • 4 figurines en mousse • 1 jouet de bain • **19,95 €**

Le livre magique des formes

155 x 155 mm • 6 pages • **8,95 €**

Le livre magique de Petit-Poisson

155 x 155 mm • 6 pages • **8,50 €**

Mon premier livre de bain

Tous âges

Sigrid Martinez

De grands coffrets de bain qui contiennent 1 livre ludique et 4 jouets de bain.

Mon coffret de bain

Coffret : 277 x 150 mm • Livre : 140 x 140 mm • Matière plastique pour le bain • 12 pages en accordéon • 4 jouets pour le bain• **15,95 €**

Splash !

Livre : 140 x 280 mm • 6 pages • Coffret : 230 x 270 mm • Sac en PVC avec anses • 4 jouets en matière plastique pour le bain • **16,95 €**

NOUVEAU

La grotte mystérieuse

Livre : 140 x 280 mm • 6 pages • Coffret : 300 x 230 mm • 4 jouets en matière plastique pour le bain • **16,95 €**

Livres de bain

Mon premier livre de bain

Tous âges | 140 x 140 mm • Matière plastique pour le bain • 6 pages • Sac en PVC avec anses • 1 jouet pour le bain | 9,95 €

De jolies pochettes transparentes contenant un livre de bain et un jouet en plastique, à l'effigie du héros de l'histoire.

Sigrid Martinez

9782733869185

Gaston, prof de natation

9782733869178

Norbert, super canadair

9782733860021

Timo, un hippo qui aime l'eau

9782733858295

Milo navigue sur les flots

9782733847343

Théo et le monstre de l'eau

9782733847930

Polo l'ourson et la chasse aux flocons

9782733847336

La baignade de Fripouille la grenouille

9782733840399

Quentin découvre les fonds marins

9782733840405

Sophie s'amuse sous l'eau avec ses amis

Livres de bain

Mon premier livre de bain

Tous âges

140 x 140 mm • Matière plastique pour le bain • 6 pages • Sac en PVC avec anses • 1 jouet pour le bain

9,95 €

9782733833308

Gaspard et ses amis dans la mare

9782733840313

La journée de Robin le pingouin

9782733833315

Léon le plus propre des ratons

9782733830277

Hugo champion de sauts dans l'eau

9782733849538

Claire fête son anniversaire sous la mer

9782733830284

Lili adore les guilis

9782733839812

Firmin le requin n'a peur de rien

9782733876862

Au bain, bébé éléphant !

Coffret : 210 x 270 mm • Livre et jouet en matière plastique pour le bain • 6 pages • **9,95 €**

Premier âge

Livres-tissu

Tous âges | 220 x 150 mm • tissu • 6 pages • 1 anse | 14,95 € | tactile | premiers mots

Une collection de livres-tissu tout doux, pratiques à emporter partout grâce à la poignée.

9782733866054

Mon premier album de famille avec Petit-Lapin
Céline Claire / Isabel Aniel
290 x 165 x 40 mm • 4 doubles-pages en tissu avec pochettes plastifiées • 15,95 €

9782733833421

Les formes
Émilie Lapeyre
14,50 €

9782733872338

Les animaux de la ferme
Kim Sejung

9782733827703

Mon livre des couleurs
Kim Sejung
14,90 €

9782733872345

Les animaux du monde
Kim Sejung

unicef pour chaque enfant

9782733839416

Mes premiers mots
Kim Sejung

Premier âge

Livres-tissu

Tous âges

tactile · motricité fine

Michelle Carlslund

NOUVEAU

Où va Petit-Singe ?

200 x 200 mm • 6 pages • livre-tissu silhouetté avec une peluche et des animations • **19,95 €**

Les animaux tout doux

130 x 130 mm • 12 pages • livre accordéon en coton à accrocher • **12,95 €**

Mes premiers imagiers

dès 1 an

265 x 200 mm • 6 livres tout-carton, 110 x 110 mm • 4 doubles-pages • Coffret à rabat aimanté

19,95 €

Un joli coffret bibliothèque contenant 6 imagiers illustrés par Michelle Carlslund : les premières notions et des thématiques-passion.

Michelle Carlslund

Mes premiers imagiers

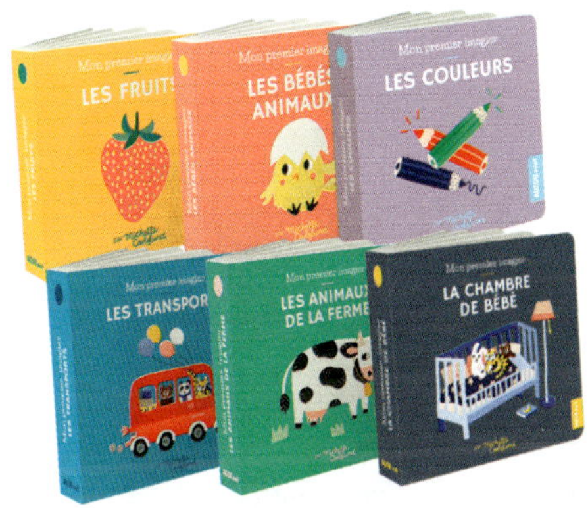

Premier âge

Mon très grand livre d'éveil

dès 1 an · tactile · motricité fine

342 x 466 mm • Tout-carton • 4 doubles-pages • 12 matières à toucher • 1 miroir • Des effets

24,95 €

Une collection avec de nombreuses matières à toucher, dès la couverture, dans un livre géant qui s'apparente à un tapis d'éveil.

Michelle Carlslund

NOUVEAU

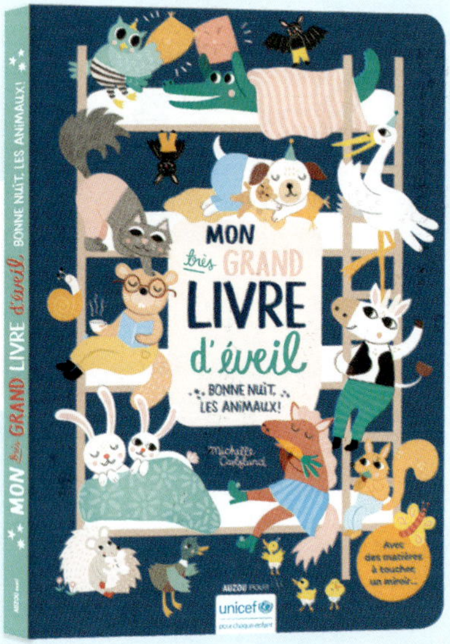

9782733878989

Bonne nuit les animaux !

unicef pour chaque enfant

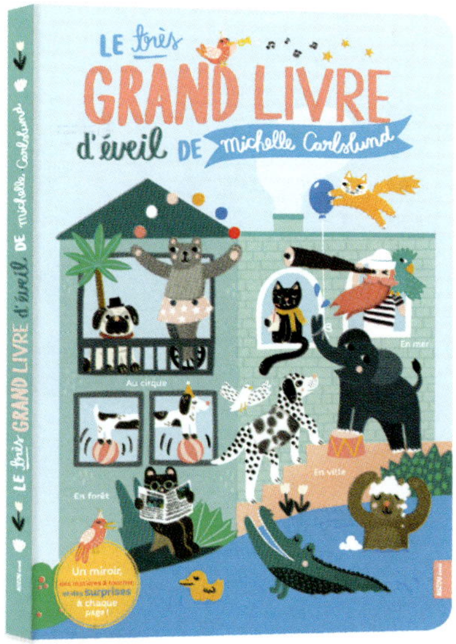

Le très grand livre d'éveil de Michelle Carlslund

9782733864531

Les saisons

9782733845387

Imagiers et premiers apprentissages

Mes premiers à découvrir — dès 2 ans — 260 x 315 mm • Tout-carton • 13 doubles-pages — **12,95 €** — Vocabulaire

De grands livres tout-carton qui accompagnent l'enfant dans la découverte de ses premiers mots.

9782733868416

Mes 500 mots à découvrir
Collectif
260 x 315 mm • 64 pages
• 14,95 €

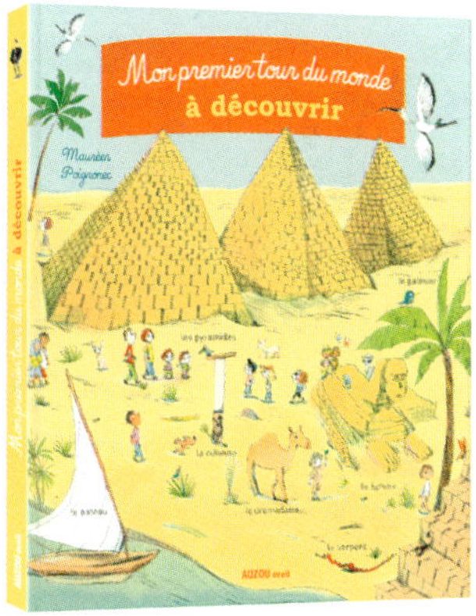

9782733859360

Mon premier tour du monde à découvrir
Maurèen Poignonec

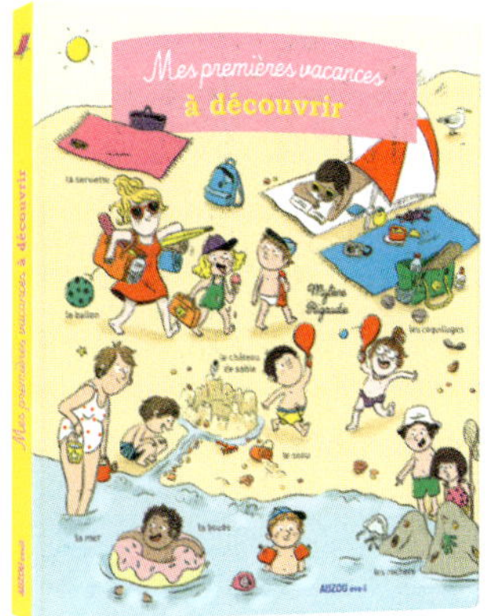

9782733849750

Mes premières vacances à découvrir
Mylène Rigaudie

9782733825099

Mes premiers mots à découvrir
Séverine Cordier

9782733841457

Ma première école à découvrir
Magali Clavelet

Mes premières sorties à découvrir
Magali Clavelet

9782733847565

Mes premiers transports à découvrir
Magali Clavelet

9782733833957

Mes premiers animaux à découvrir
Magali Clavelet

9782733827505

Imagiers et premiers apprentissages

Mes premiers à sentir

Tous âges | 235 x 315 mm • 18 pages • 9 odeurs sous flaps | 16,95 € | olfactif | premiers mots

Un imagier à grands flaps dans lequel l'enfant devine les odeurs et apprend de nouveaux mots.

NOUVEAU

Ma première nature à sentir
Mr. Iwi

Mon cherche et trouve des odeurs et des couleurs

olfactif

Tous âges | 180 x 180 mm • Tout-carton • 8 doubles-pages • Découpes et flaps • 7 odeurs | 10,95 €

Des livres très ludiques et animés qui mobilisent le toucher, la vue et l'odorat chez le tout-petit.

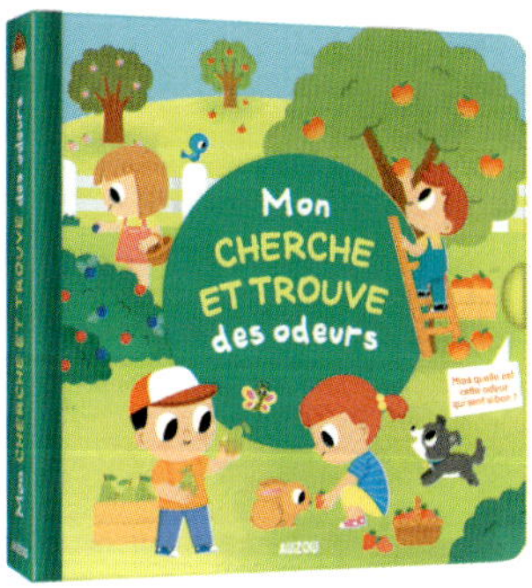

Mon cherche et trouve des odeurs
Emma Martinez

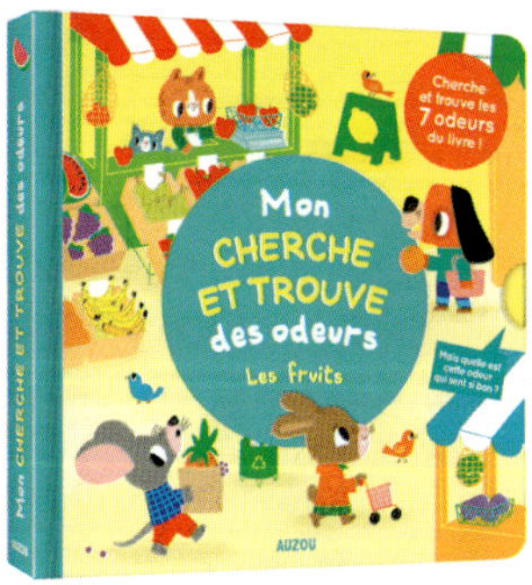

Mon cherche et trouve des odeurs
Les fruits
Mr. Iwi

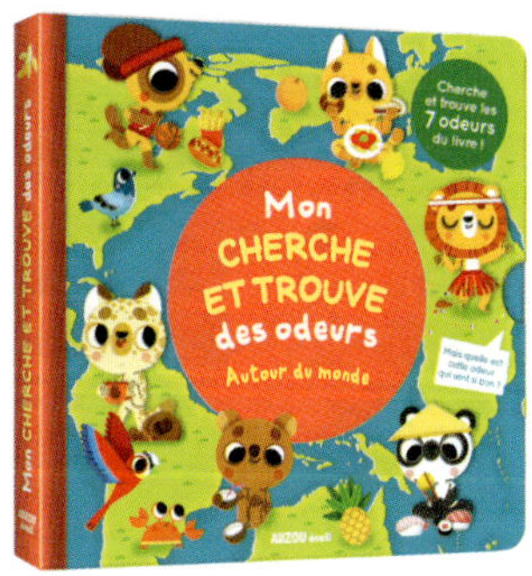

Mon cherche et trouve des odeurs
Autour du monde
Marta Sorte

Imagiers et premiers apprentissages

Mon livre des odeurs et des couleurs

olfactif · premiers mots

dès 2 ans | 180 x 180 mm • Tout-carton • 8 doubles-pages • Découpes et flaps • 7 odeurs | 10,50 €

Une approche originale et sensorielle ! Une collection d'imagiers à flaps qui permet aux tout-petits de développer leur odorat tout en découvrant les couleurs.

Mr. Iwi

9782733878163

Le livre des odeurs qui puent

9782733849811

Le marché

9782733857496

Mes premières odeurs

9782733839935

Le monde

9782733868997

Le jardin

9782733834725

Les fruits

Imagiers et premiers apprentissages

Mon anim'agier

dès 18 mois

195 x 195 mm • Tout-carton • 5 doubles-pages • Coins ronds • 6 mécanismes • Des flaps

8,50 €

motricité fine · vocabulaire

Une collection d'imagiers à animer sur les thèmes préférés des tout-petits avec une double-page finale reprenant tous les éléments présentés.

NOUVEAU

9782733877500

Les dinosaures
Mr. Iwi

9782733877203

Je me déguise
Gwé

9782733881842

L'école
Tiago Americo

9782733877197

Le chantier
Carlo Beranek

9782733880616

Les émotions
Marta Sorte

9782733871591

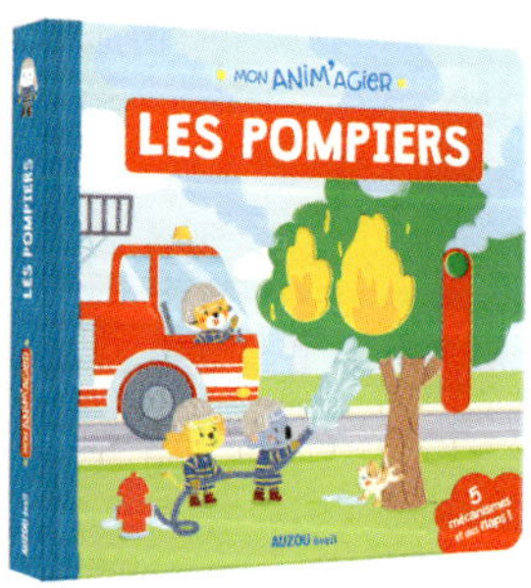

Les pompiers
Junissa Bianda

9782733869246

Les vacances
Lucile Ahrweiller

Imagiers et premiers apprentissages

Mon anim'agier

dès 18 mois

195 x 195 mm • Tout-carton • 5 doubles-pages • Coins ronds • 6 mécanismes • Des flaps

8,50 €

motricité fine · vocabulaire

9782733865880

Pâques
Amy Blay

9782733865958

Les animaux du froid
Anne Passchier

9782733866009

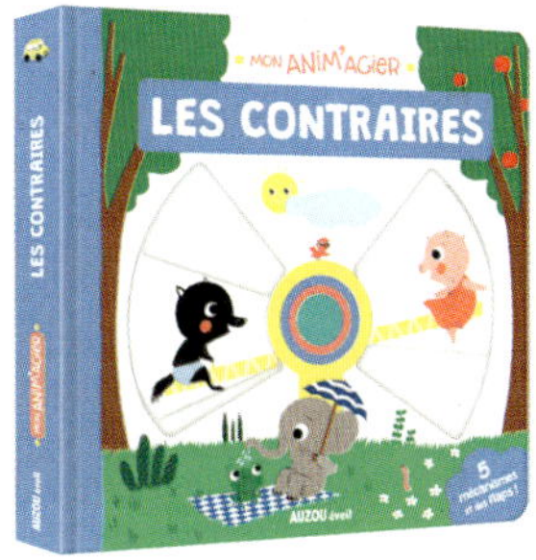

Les contraires
Marie Paruit

9782733853535

Joyeux Noël !
Yi-Hsuan Wu

9782733846964

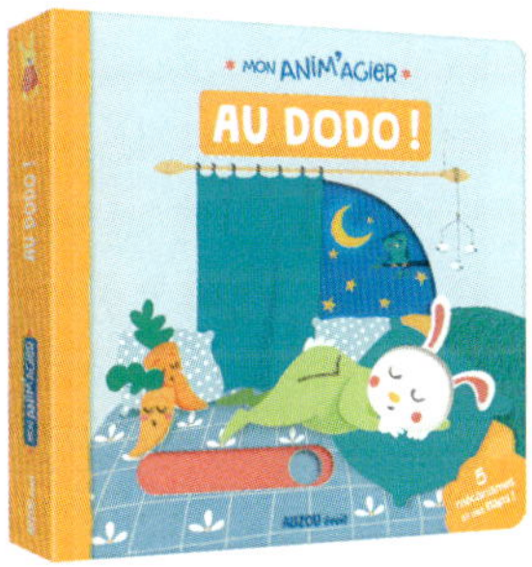

Au dodo !
Camille Loiselet

9782733857212

La jungle et la savane
Daniel L. Roode

9782733857229

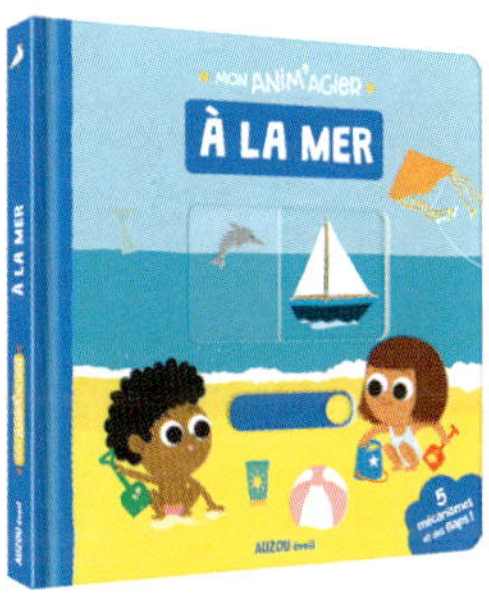

À la mer
Deborah Pinto

9782733855287

L'hiver
Romain Mennetrier

9782733857708

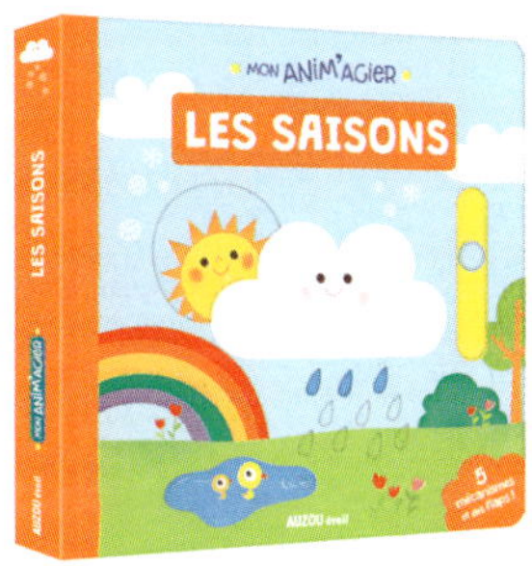

Les saisons
Maria Neradova

Imagiers et premiers apprentissages

Mon anim'agier

dès 18 mois | 195 x 195 mm • Tout-carton • 5 doubles-pages • Coins ronds • 6 mécanismes • Des flaps | 8,50 €

motricité fine · vocabulaire

9782733846971

Le marché
Marion Cocklico

9782733846988

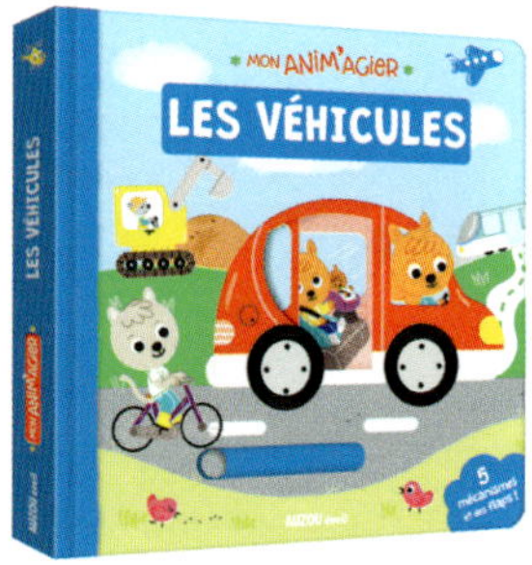

Les véhicules
Mélanie Combes

9782733847022

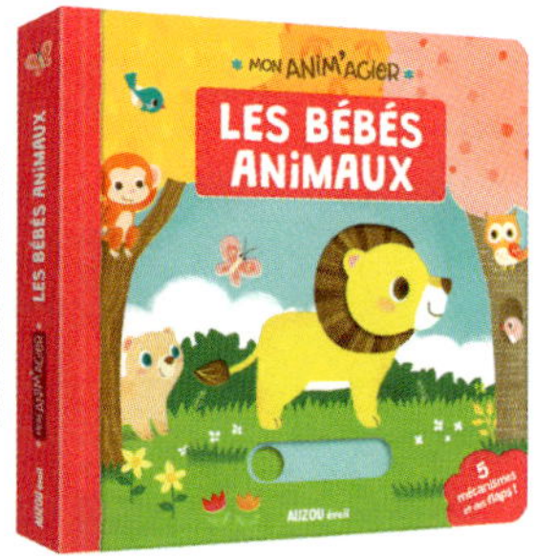

Les bébés animaux
Yu-Hsuan Huang

9782733847008

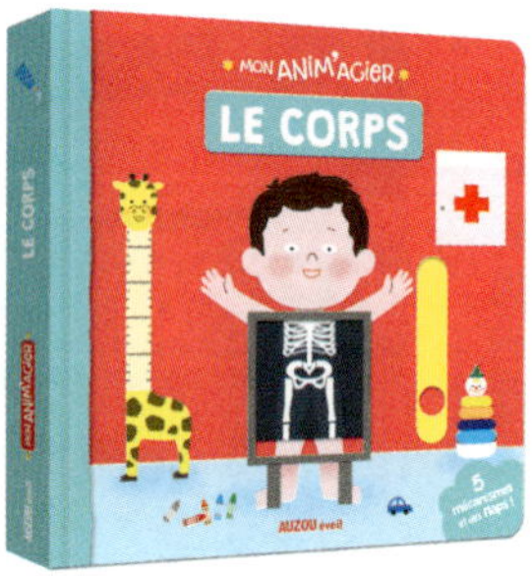

Le corps
Mélisande Luthringer

9782733846957

La ferme
Amandine Notaert

9782733846995

Le cirque
Gwé

9782733847015

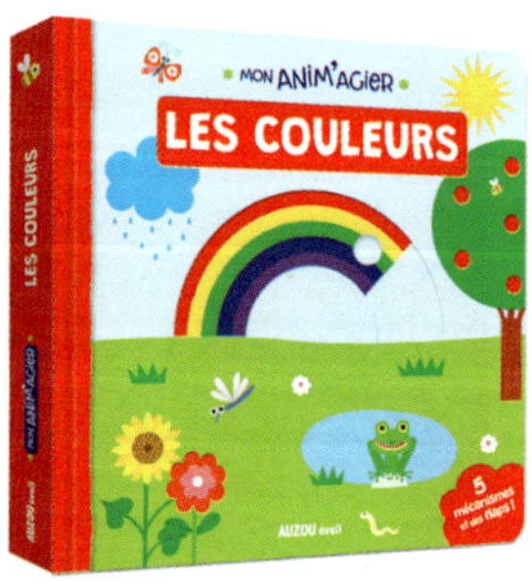

Les couleurs
Julie Mercier

Hors collection

dès 2 ans | 225 x 225 mm • 6 doubles-pages | 14,95 €

Une tendre histoire pour découvrir les 5 sens grâce aux matières, miroir, coins de dentition, odeurs...

9782733872666

visuel · tactile · sonore

Petit Écureuil découvre les 5 sens
Irona Aubert / Mélisande Luthringer

Livres à toucher

Mes premiers à toucher

Tous âges | 235 x 315 mm • Tout-carton • 9 doubles-pages | 16,95 € | tactile | premiers mots

De grands livres tout-carton pour que l'enfant découvre ses premiers mots grâce à de belles matières à toucher dès la couverture. Une approche sensorielle originale !

Virginie Graire

NOUVEAU

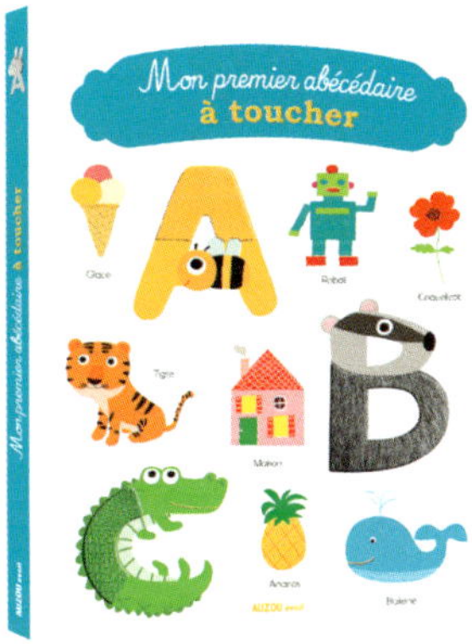

Mon premier abécédaire à toucher

Ma journée à toucher

Mes premiers mots à toucher
• 15,95 €

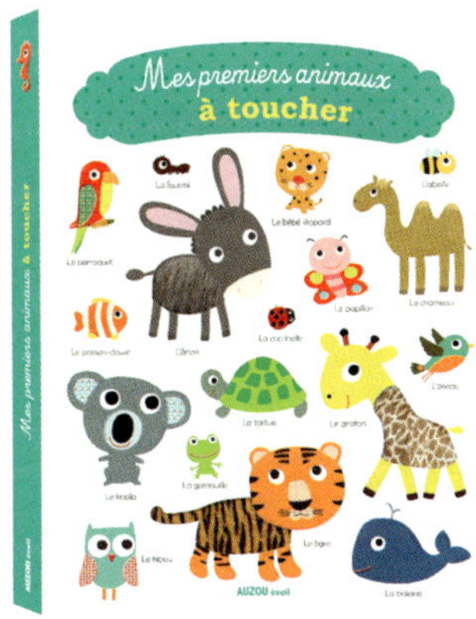

Mes premiers animaux à toucher
• 15,95 €

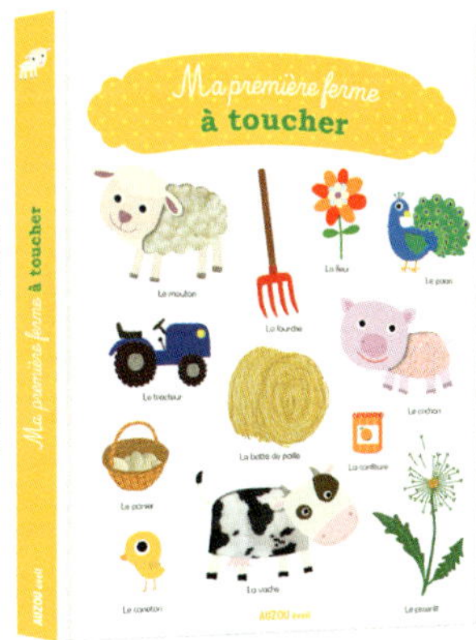

Ma première ferme à toucher

Livres à toucher

Mes premiers à toucher

Tous âges | 235 x 315 mm • Tout-carton • 9 doubles-pages | 16,95 € | tactile | premiers mots

9782733860076

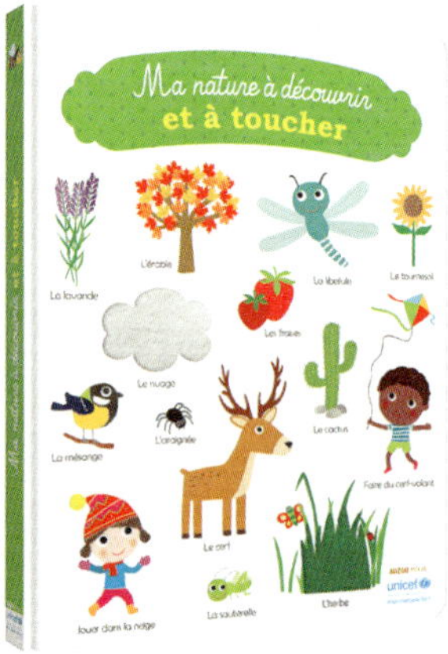

Ma nature à découvrir et à toucher
Virginie Graire

unicef
pour chaque enfant

9782733853337

Mes premiers contes à toucher
Marion Cocklico

9782733843758

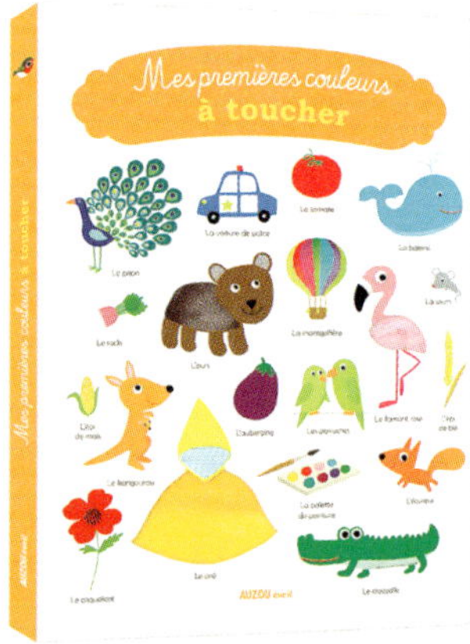

Mes premières couleurs à toucher
Virginie Graire
• 15,95 €

Drôles de z'animaux

Tous âges | 195 x 260 mm • 12 pages • Matières à toucher à chaque page | 14,95 €

Des livres pour jouer avec les animaux : les pages s'assemblent pour former des combinaisons étonnantes !

Isabelle Jacqué

9782733877067

Les animaux se déguisent !

9782733859636

Les animaux de la forêt et de la jungle

9782733835661

Les animaux de la ferme et de la savane

Livres à toucher

Les p'tits tout doux

Tous âges | 210 x 210 mm • Tout-carton • 8 doubles-pages | 12,50 € | tactile | vocabulaire

Pour tout savoir des des animaux grâce au sens du toucher.
De grandes matières dès la couverture !

9782733873021

Mon coffret à toucher Les animaux
Deborah Pinto
340 x 170 mm
• 4 livres tout-carton
• 19,95 €

9782733871546

Les animaux de compagnie
Deborah Pinto

9782733865996

Les animaux à protéger
Deborah Pinto

9782733858301

Les animaux de la montagne
Deborah Pinto

9782733871607

Les bébés animaux
Deborah Pinto

9782733860038

Les animaux de la forêt
Deborah Pinto

9782733833940

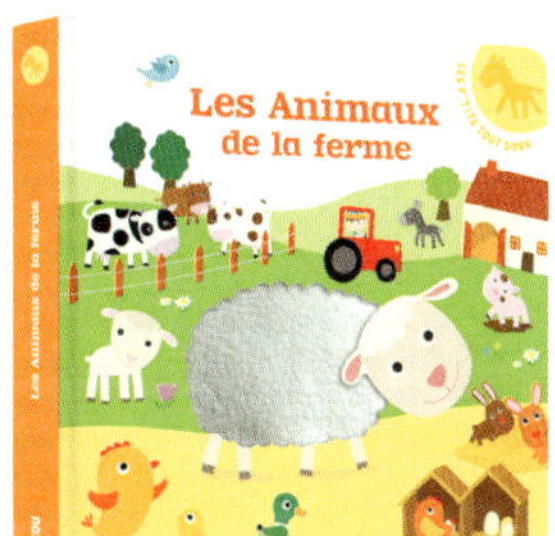

Les animaux de la ferme
Virginie Graire

Les animaux du froid
Deborah Pinto

9782733843567

Les animaux de compagnie
Virginie Graire

9782733839829

Cherche et trouve des tout-petits

Tous âges | 227 x 272 mm • 10 doubles-pages • Tout-carton • Coins ronds • Couverture mousse | **10,50 €** | repérage visuel

7 éléments à retrouver sur chaque page dans une illustration foisonnante de détails !
À faire et à refaire seul ou avec ses parents.

NOUVEAU

9782733884034

Les métiers
Kathryn Selbert

unicef
pour chaque enfant

9782733878132

Les véhicules
Maria Neradova

9782733878347

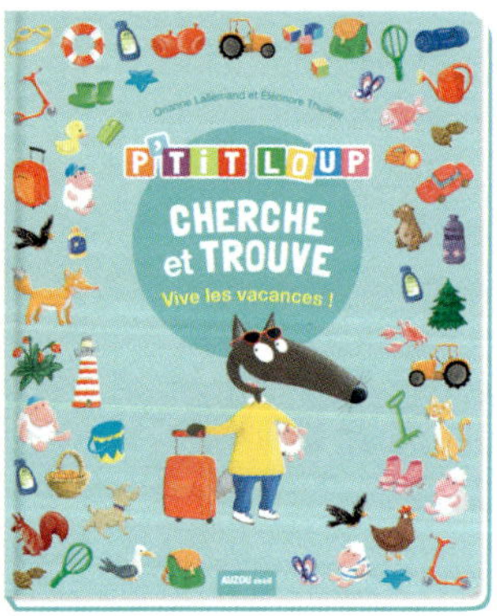

Vive les vacances !
O. Lallemand / É. Thuillier

9782733872963

Dans le froid
Katie Saunders

9782733869253

Les saisons
Marie Morey

unicef
pour chaque enfant

Cherche et trouve des tout-petits

Tous âges | 227 x 272 mm • 10 doubles-pages • Tout-carton • Coins ronds • Couverture mousse | 10,50 € | repérage visuel

À Noël !
Marion Cocklico

Chez les animaux
Sophie Rohrbach

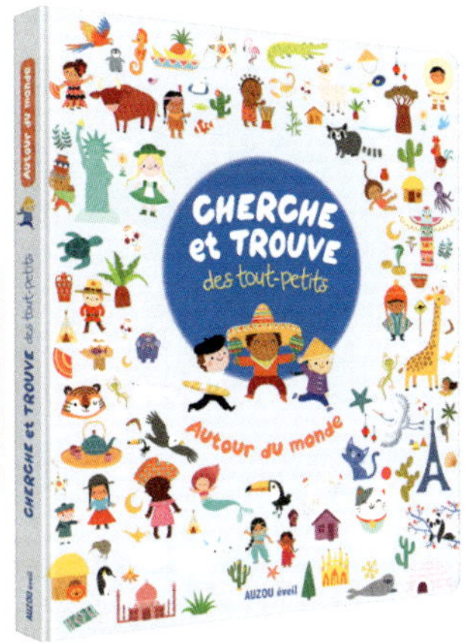

Autour du monde
Amandine Notaert

À la ferme
Florence Guittard

Dans les comptines
Lucile Ahrweiller

Dans les contes
Sarah Andreacchio

Livres à écouter

Mes premiers livres à écouter

dès 1 an

260 x 210 mm • Module de 8 sons • 9 doubles-pages

Sonore

Une collection de livres sonores pour chanter les comptines grâce aux modules sonores de 8 sons et/ou aux CD.

NOUVEAU

9782733882795

Mes comptines revisitées
Marine Fleury
1 CD de 8 comptines
• 15,95 €

9782733871621

Mes comptines de tous les jours
Emmanuelle Cabrol / Hélène Chétaud
1 CD de 8 comptines
• 15,95 €

9782733864630

Mes premières comptines de Noël
Raphaëlle Michaud
1 CD de 14 comptines • 14,95 €

9782733845332

Mes premières comptines du monde
Martina A. Catella / Vinciane Schleef
1 CD de 15 comptines • 16,95 €

9782733836620

Mes premières comptines d'animaux
Raphaëlle Michaud
1 CD de 15 comptines • 14,95 €

9782733864203

Mes premiers chants apaisants
Martina A. Cattela / Raphaëlle Michaud
1 CD de 15 comptines
• 16,95 €

9782733843741

Mes premiers ballets
Natacha Godeau / Christelle Galloux
• 14,95 €

9782733833643

Je découvre la ferme
Ilaria Falorsi
• 12,95 €

Livres à écouter

Mes premiers livres à écouter

dès 1 an | 260 x 210 mm • Module de 8 sons • 9 doubles-pages | 12,95 € | sonore

9782733877524

Je découvre les p'tites bêtes
Lucile Ahrweiller

9782733862612

Je découvre les émotions
Emma Martinez

9782733865866

Je découvre les animaux de la nuit
Inga Wilmink

9782733848715

Je découvre les transports
Gabriele Tafuni

9782733839980

Je découvre la nature
Genie Espinosa

9782733849651

Écoute et cherche les instruments
Charlotte Ameling

9782733856666

Écoute et cherche dans la maison
Marine Cazaux

9782733830956

Écoute et cherche les animaux
Sejung Kim

9782733877210

Écoute et cherche les dinosaures
Peskimo

Livres à écouter

Mon premier à écouter

dès 2 ans | 260 x 315 mm • Tout-carton • 9 doubles-pages • 18 puces sonores | 16,95 € | Sonore | Vocabulaire

Une collection d'imagiers sonores grand format pour apprendre les mots et le son qu'il font.

NOUVEAU

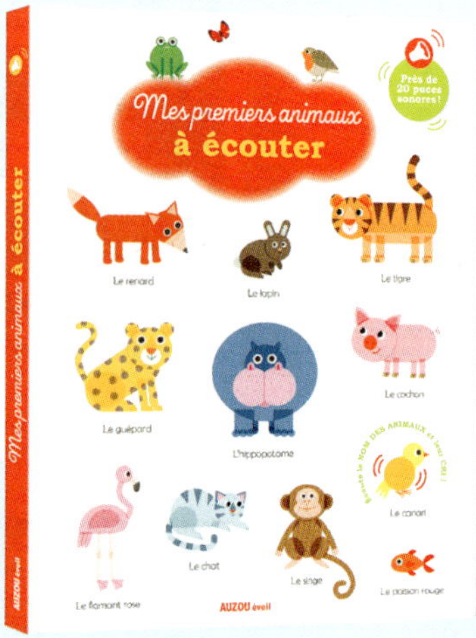

Tous âges

Mes premiers animaux à écouter
Georgette

Mes premiers mots à écouter
Anne Passchier

Mes premières musiques

dès 1 an | 160 x 160 mm • 6 puces sonores • Tout-carton | 9,95 € | Sonore

Histoire musicale, découverte des ballets, comptines…
Une collection sonore complète adaptée aux goûts des tout-petits !

NOUVEAU

La joyeuse mélodie de Bob
Marc Clamens / Laurence Jammes

Mes premiers ballets
Barbara Sido

Mes premières comptines
Inga Wilmink

Mes comptines d'animaux
Daniel Roode

Livres à écouter

Mes premiers docs sonores

dès 1 an | 160 x 160 mm • 6 puces sonores • Tout-carton | 9,95 € | Sonore | Vocabulaire

Pointer, écouter, nommer... des imagiers réalistes grâce aux puces sonores et aux photos très lisibles.

Collectif

9782733869215

Les véhicules
5 puces sonores

9782733869208

Les animaux de compagnie

9782733873359

Les instruments de musique

9782733880586

Au bord de la mer

Mes premiers animaliers sonores

dès 1 an | 180 x 180 mm • 5 puces sonores de cris d'animaux • Tout-carton | 9,95 € | Sonore | Vocabulaire

Des photos sur lesquelles les animaux sont facilement identifiables dans cette collection sonore (le cri des animaux et une ambiance nature).

Collectif

9782733866092

Les bébés animaux

9782733864524

Les animaux de la jungle

9782733857564

Les animaux de la ferme

9782733859186

Les animaux de la forêt

9782733857571

Les animaux de la savane

9782733859179

Les oiseaux

Livres à écouter

Livres piano

dès 3 ans | 305 x 245 mm • Piano plastique intégré • Tout-carton • 32 pages | 15,95 € | Sonore

Des livres munis d'un piano pour apprendre à jouer les plus belles comptines !

NOUVEAU

9 782733 882986

Mes célèbres comptines au piano
Nicolas Gouny

9 782733 835838

Mes plus belles comptines de Noël
Marc Clamens
• 14,95 €

9 782733 872574

Mes premières comptines au piano
Nicolas Gouny

Mes premières comptines anglaises
Sébastien Braun

9 782733 853245

Mes plus belles comptines au piano
Nicolas Gouny

9 782733 863800

Mes jolies comptines au piano
Nicolas Gouny

9 782733 837368

Mes plus grands airs classiques
Clerpée / Hagni Gwon

9 782733 852965

Livres à écouter

Livres piano

dès 3 ans | 360 x 245 mm • Piano tout-carton intégré • Tout-carton • 32 pages | 16,95 € | sonore

NOUVEAU

9 782733 872581

Mon tout premier livre piano
Hagni Gwon / Inga Wilmink
Tout-carton • **16,95 €**

Original ! 3 modes d'utilisations pour ce piano lumineux !

Mes 7 histoires de la semaine

dès 3 ans | 225 x 225 mm • 21 doubles-pages • Tout-carton • Coins ronds | 14,95 €

De jolies histoires mettant en scène sept animaux différents pour aider l'enfant à se repérer dans les jours de la semaine.

9 782733 873069

Noël
Collectif

9 782733 851234

Mes 7 histoires de la semaine
Collectif

9 782733 864159

Coffret memory
Collectif
1 livre • 14 tuiles en bois
• **19,95 €**

Histoires

Mes premiers puzzles

dès 3 ans • 220 x 220 mm • 5 doubles-pages • Tout-carton • 5 puzzles de 9 pièces • 8,95 € • motricité fine

Des histoires tendres et des personnages attachants accompagnés d'un puzzle à chaque page. Une façon ludique de revivre l'aventure du livre !

5 PUZZLES de 9 PIÈCES à l'intérieur !

9782733868294

La promenade de Martin
Emmanuelle Cabrol / Romain Mennetrier

9782733877715

Sous l'eau avec Kimmy la loutre
Maud Legrand / Céline Potard

9782733866559

Le livre puzzle de P'tit Loup
O. Lallemand / É. Thuillier • 9,95 €

9782733861097

Le voyage de Tim ouistiti
Emmanuelle Cabrol / Mélusine Allirol

9782733854860

Flore castor cherche à s'occuper
Anne Clairet / Ailie Busby

9782733871614

Henri aime aider ses amis
Céline Claire / Marina Martin

9782733859100

Sacha joue à chat perché
Bénédicte Rivière / Marta Cabrol

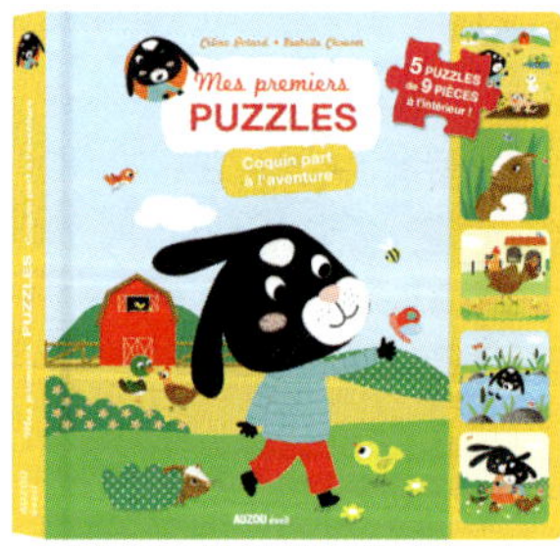

9782733847473

Coquin part à l'aventure
Céline Potard / Isabelle Chauvet

Les animaux sous la neige
Emmanuelle Cabrol / Villie Karabatzia • 12,95 €
9782733864456

Pouic fait ses provisions
Céline Potard / Maria Neradova
9782733843314

Léon est grognon
Bénédicte Rivière / Zoe Waring
9782733847480

Phikou joue à cache-cache
Bénédicte Rivière / Villie Karabatzia
9782733843321

Histoires

Mon premier livre-puzzle
Tous âges

NOUVEAU

9 782733 884553

Un livre tout en tendresse et une pièce de puzzle par page pour construire un puzzle de 6 pièces.

Graines d'amour
Louison Nielman / Virginie Martins-B
162 x 226 mm • 12 pages
• 6 pièces de puzzle
• **10,95 €**

Mon histoire à animer
dès 2 ans | 14,95 €

Divers mécanismes à activer au fil des pages de chaque histoire !

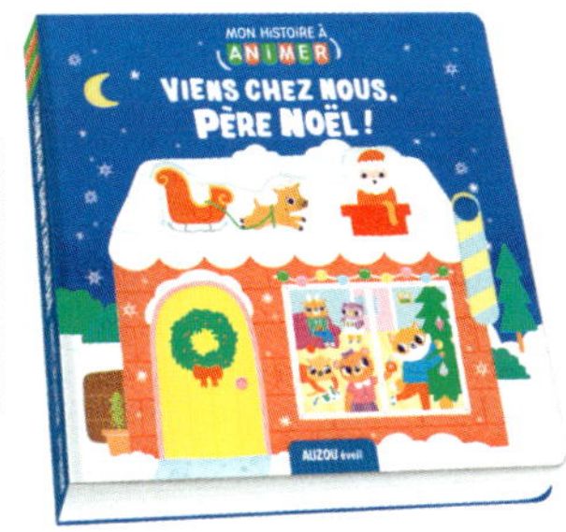

9 782733 872598

Viens chez nous, Père Noël !
Lizzy Doyle
225 x 225 mm
• Des mécanismes à animer • 10 pages

Mes contes à animer
Tous âges | 185 x 210 mm • Tout-carton • 6 doubles-pages • Coins ronds • 6 mécanismes à activer | 10,95 €

Une adaptation des grands contes classiques pour les tout-petits, à animer grâce aux mécanismes solides et adaptés aux petites mains.

NOUVEAU

9 782733 883211

La belle et la Bête
Paku

9 782733 862537

Cendrillon
Sophie Verhille

9 782733 862834

Hansel et Gretel
Giovana Medeiros

9 782733 842737

Blanche-Neige
Marta Sorte

9 782733 842744

Boucle d'or et les trois ours
Marion Cocklico

9 782733 849224

Le petit chaperon rouge
Amy Blay

La légende de saint Nicolas
Sofie Kenens
9 782733 853542

Le chat botté
Gwé
9 782733 846759

Pinocchio
Tiago Americo
9 782733 839287

Les trois petits cochons
Gwé
9 782733 839270

Le petit poucet
Lucile Ahrweiller
9 782733 849309

Histoires

Ma petite histoire à animer

dès 2 ans

motricité fine

NOUVEAU

Qui se cache dans le miroir ?
Céleste Morgan / Michelle Carlslund
190 x 190 mm • Tout-carton
• Couverture rembordée, flaps et miroirs • **8,50 €**

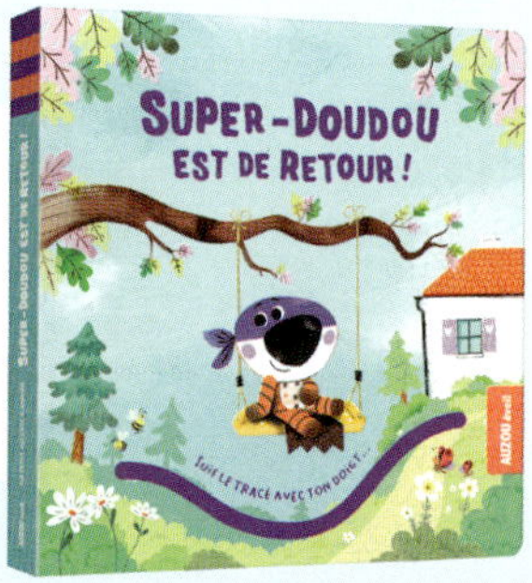

Super-doudou est de retour
Pascal Brissy / Fabien Öckto Lambert
190 x 190 mm • 10 pages • Tout-carton • Un chemin à chaque double-page à suivre du doigt • **8,50 €**

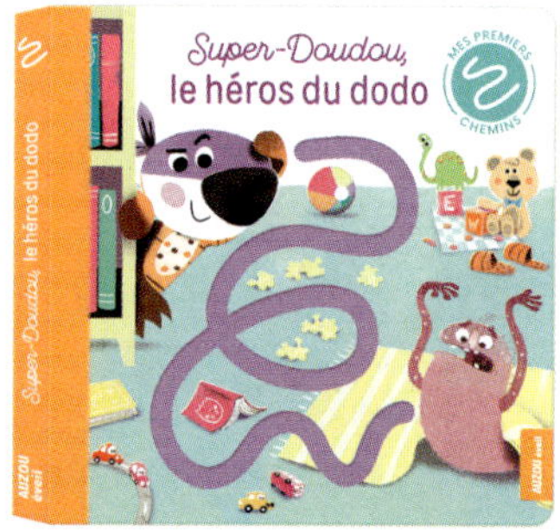

Super-doudou, le héros du dodo
Pascal Brissy / Fabien Öckto Lambert
220 x 220 mm • 10 pages • Tout-carton
• Un chemin à chaque double-page à suivre du doigt • **10,95 €**

Mon premier pop-up

dès 2 ans

220 x 220 mm • 6 pop-up • 6 doubles-pages

14,95 €

Une collection de premier pop-up pour se laisser surprendre.
Une lecture joyeuse et ludique !

NOUVEAU

Qui fait ce bruit ?
Georgette
• **12,95 €**

Le carton de Robinson
Anne Clairet / Georgette

Mon livre pop-up des animaux
Binbin Robin

Histoires

Les hors collection

Des livres surprenants pour piquer la curiosité des petits et leur permettre d'interagir avec les histoires.

9782733873007

dès 2 ans

Qu'y a-t-il derrière la porte ?
Céline Claire / Jorge Martin
150 x 300 mm • Tout-carton
• 20 doubles-pages • **12,95 €**

9782733876909

dès 2 ans

Vroum Tut Tut
Georgette
190 x 190 mm • 12 pages
• Tout-carton avec des découpes
• **8,50 €**

NOUVEAU

9782733881613

Tous âges

Le manège des animaux
Michelle Carlslund
125 x 265 mm
• 12 pages découpées en 3 parties
• **8,95 €**

Les p'tits terribles

dès 3 ans | 150 x 180 x 15 mm • 24 pages • Tout-carton | 7,95 €

Une série sur des thématiques du quotidien, pleine d'humour et de subterfuges, pour faire rire les enfants... et les parents !
Susanna Leonard Hill / Daniel Wiseman

9782733868232

Quand ton lion a besoin d'un bain

9782733868249

Quand ton lama a besoin d'une nouvelle coupe

Coffrets

Mon tout premier abécédaire

dès 3 ans | prix conseillé 19,95 €

Un objet ludique et coloré avec des formes aimantées que l'enfant peut placer dans le livre ou utiliser partout.

Isabelle Jacqué

Mon tout premier abécédaire
350 x 250 mm • Tout-carton
• 10 doubles-pages
• 42 lettres en bois aimantées

Mon coffret d'éveil musical

dès 2 ans | 210 x 325 mm | 19,95 € | sonore

Des coffrets complets ! Un livre, un CD et un instrument de musique en bois, pour aborder le rythme et éveiller les tout-petits à la musique grâce aux comptines.

NOUVEAU

Mes premières comptines
Shunsuke Satake
1 livre tout-carton • 1 CD • 1 tambourin

Mes comptines du monde
Louise Anglicas
1 livre tout-carton • 1 CD
• 1 kalimba

Coffrets

Une journée... dès 2 ans

330 x 240 mm • 22 pages

Un livre sur une thématique-passion des petits, accompagné d'un véhicule en bois.

9782733872567

À la ferme
Natacha Godeau / Marta Sorte
1 livre tout-carton
• 1 tracteur en bois
• 1 long puzzle-frise
• **16,95 €**

9782733863909

Avec les pompiers
Natacha Godeau / Stéphanie Bardy
1 livre tout-carton
• 1 camion en bois
• 1 long puzzle-frise
• **Prix de vente conseillé : 22,50 €**

La fabrique à histoires dès 1 an

Une collection de livres tout-carton accompagnés de marionnettes à doigt pour raconter l'histoire ou s'en inventer d'autres !

9782733868317

Super-Juliette, héroïne du dodo
Bénédicte Rivière / Dan Taylor
190 x 150 x 45 mm
• 4 doubles-pages
• Tout-carton
• 1 marionnette à doigt
• **9,95 €**

9782733868300

Super-Gabin, héros des câlins
Bénédicte Rivière / Dan Taylor
190 x 150 x 45 mm
• 4 doubles ,pages
• Tout-carton
• 1 marionnette à doigt
• **9,95 €**

NOUVEAU

9782733884928

Tous âges

Les mini-héros de la savane
Bénédicte Rivière / Dan Taylor
210 x 300 mm • Tout-carton
• Coins ronds • 4 onglets
• 16 pages • 4 marionnettes à doigt
• **21,50 €**

AZURO

Laurent Souillé / Olivier Souillé / Jérémie Fleury

© Romuald Meigneux

Laurent & Olivier Souillé

Laurent et Olivier Souillé sont nés en même temps un beau jour de 1974. Ils ont scénarisé des livres de fantasy chez des éditeurs spécialisés, puis, par la suite, des livres jeunesse. En 2013, ils réalisent le texte d'*Azuro le dragon bleu* aux éditions Auzou. En 2019, forte de son succès, la série Azuro compte 8 tomes. Les livres des frères Souillé sont dédiés aux enfants atteints du syndrome de Williams, une maladie génétique orpheline.

© Jérémie Fleury

Jérémie Fleury

Jérémie Fleury est un illustrateur polyvalent, issu de l'école Émile Cohl. Il commence à exercer ses talents pour des studios de jeu vidéo, puis réalise son premier album jeunesse en 2012. Depuis, Jérémie travaille à plein temps comme illustrateur de livres jeunesse et de jeux. Ses univers de prédilection sont ceux de l'imaginaire et les histoires qui se déroulent dans des époques reculées.

Mes p'tits albums

dès 3 ans | 210 x 210 mm • 32 pages | 5,95 €

NOUVEAU

Azuro et le défi du Père Noël

Thème : Compétition

Mes p'tits albums

dès 3 ans | 210 x 210 mm • 32 pages | 5,95 €

9782733877562

Azuro et l'œuf mystérieux
Thèmes : Créatures fantastiques - Aventure

9782733872307

Azuro et la fée des glaces
Thèmes : Courage - Ingéniosité - Travail d'équipe

9782733868126

Azuro au Royaume des dragons
Thèmes : École - Tricherie - Entraide

9782733859025

Azuro et l'île fantastique
Thèmes : Mythologie - Courage

9782733851142

Azuro à l'école des monstres
Thèmes : École - Intégration

9782733841617

Azuro et la sorcière
Thème : Mensonge

9782733839522

Azuro sur la piste de Jippy !
Thèmes : Entraide - Amitié

9782733834770

Azuro le dragon bleu
Thème : Différence

Mes grands albums

dès 3 ans | 250 x 250 mm • Couverture mousse • 32 pages | 9,80 €

NOUVEAU

9782733881453

Azuro et la dernière licorne
Thèmes : Enquête – Écologie

9782733864081

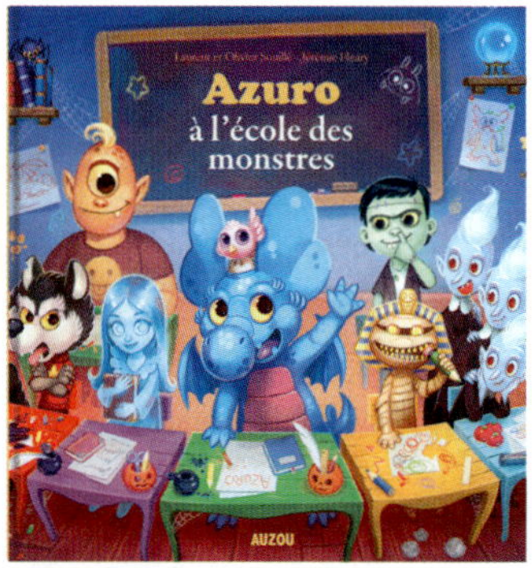

Azuro à l'école des monstres
Thèmes : École - Intégration

9782733844489

Azuro et la sorcière
Thème : Mensonge

9782733836675

Azuro sur la piste de Jippy !
Thèmes : Entraide - Amitié

9782733824368

Azuro le dragon bleu
Thème : Différence

9782733839607

Azuro et le défi du Père Noël
Thème : Compétition

Coffret
dès 3 ans
19,95 €

Un beau coffret en forme de grimoire
à conserver dans sa bibliothèque !

Le grimoire
225 x 278 x 55 mm • 3 livres • 1 puzzle de 23 pièces

Ma peluche
Tous âges
prix conseillé 14,95 €

NOUVEAU

Ma peluche Azuro, le dragon bleu
200 x 300 mm
• Peluche présentée sur cartonette

Ma pochette d'artiste
dès 3 ans
prix conseillé 4,95 €

Mes autocollants dragons Azuro
245 x 200 mm • 5 planches d'autocollants • 6 décors

PETITE TAUPE

Orianne Lallemand / Claire Frossard

Mes p'tits albums | dès 3 ans | 210 x 210 mm • 32 pages | 5,95 €

NOUVEAU

9782733877890

Le restaurant des amis

Thèmes : Amitié - Préjugés

9782733871423

Petite taupe ne veut pas d'amoureux

Thèmes : Amour - Liberté

Une surprise pour Petite taupe

Thèmes : Naissance - Anniversaire

9782733839195

Joyeux Noël, Petite taupe !

Thèmes : Noël - Amitié

9782733843581

Le voyage de Petite taupe

Thèmes : Voyage - Apprentissage des chiffres

9782733846629

Petite taupe ouvre-moi ta porte !

Thème : Solidarité

9782733811849

Mes grands albums

dès 3 ans | 250 x 250 mm • Couverture mousse • 32 pages | 9,80 €

9782733836217

Joyeux Noël, Petite taupe !

Thèmes : Voyage - Apprentissage des chiffres

9782733867426

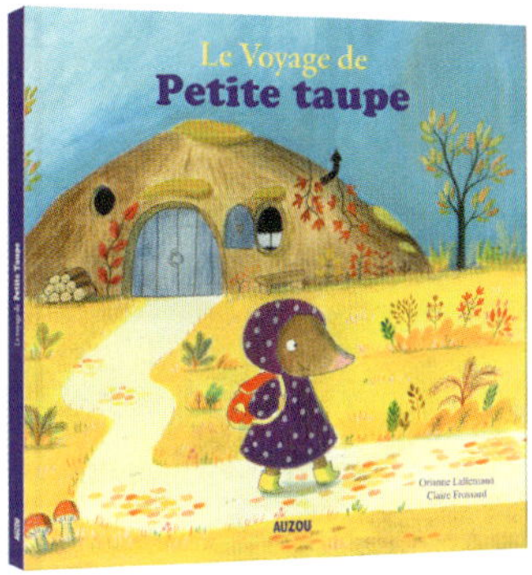

Le voyage de Petite taupe

Thèmes : Voyage - Amitié

9782733835463

Une surprise pour Petite taupe

Thèmes : Naissance - Anniversaire

9782733815922

Petite taupe ouvre moi ta porte !

Thème : Solidarité

Mon grand album à toucher

dès 2 ans | 255 x 255 mm • Tout-carton • 7 doubles-pages | 14,95 €

NOUVEAU

9782733887011

Joyeux Noël, Petite taupe !

9782733874455

Petite taupe ouvre-moi ta porte !

Coffret albums

dès 3 ans | prix conseillé 19,95 €

390 x 240 mm • 64 pages + gardes • Couverture mousse • Peluche : 29 cm de hauteur, habillée

Un beau coffret contenant deux histoires de Petite taupe et une peluche toute douce à son effigie.

9782733853559

Coffret Les aventures de Petite taupe

Peluches

Tous âges | prix conseillé 12,95 €

9782733846292

Ma peluche Petite taupe
290 x 120 mm
• Peluche présentée sur une cartonnette

Jeux dès 3 ans

9782733873847

Mes 3 puzzles en bois
260 x 170 mm
• 52 pièces
• Prix de vente conseillé : 14,95 €

9782733878170

Le loto de Petite taupe
180 x 120 mm • 40 jetons • 6 planches
• Prix de vente conseillé : 11,95 €

Ma première pochette d'artiste

245 x 200 mm

prix conseillé 7,95 €

Des pochettes pour créer avec Petite taupe !

9782733870419

Mes coloriages velours Petite taupe

dès 3 ans

NOUVEAU

9782733877456

Mes cartes à gratter Petite taupe

dès 5 ans

10 cartes à gratter
• 1 crayon en bois

ALBUMS

Les p'tits classiques

dès 3 ans | 170 x 217 mm • 24 pages | 3,95 €

La collection « Les P'tits classiques » reprend les textes les plus célèbres de la littérature enfantine en petit format souple et à travers des illustrations originales et modernes !

La ballade de Mulan
Marie Leymarie / Romain Mennetrier

Le lac des Cygnes
Gaia Bordicchia / Elodie Fondacci

Les Trois Petits Cochons
Paku

NOUVELLE ÉDITION

Ali Baba et les quarante voleurs
Stéphanie Ronzon

Casse-Noisette
Giovana Medeiros

La Moufle
Maud Legrand

La Reine des Neiges
Lorena Alvarez Gómez

Le Rat de ville et le Rat des champs
Emma Trithart

Le Renard et la Cigogne
Jean de la Fontaine / Béatriz Cas

Les p'tits classiques

dès 3 ans | 170 x 217 mm • 24 pages | 3,95 €

9 782733 846728

La Cigale et la Fourmi
Axelle Vanhoof

9 782733 827178

La Belle et la Bête
Colonel Moutarde

9 782733 832264

Le Petit Soldat de plomb
Katya Longhi

9 782733 833513

Le Vilain Petit Canard
Émilie Lapeyre

9 782733 847503

Poucette
Bergamote

9 782733 847497

Le Roi grenouille
Betowers

9 782733 839294

La Petite Fille aux allumettes
George Ermos / Natacha Godeau

9 782733 839546

Le Rossignol et l'empereur
Hélène Chetaud

9 782733 839539

Raiponce
Line T.

9 782733 839775

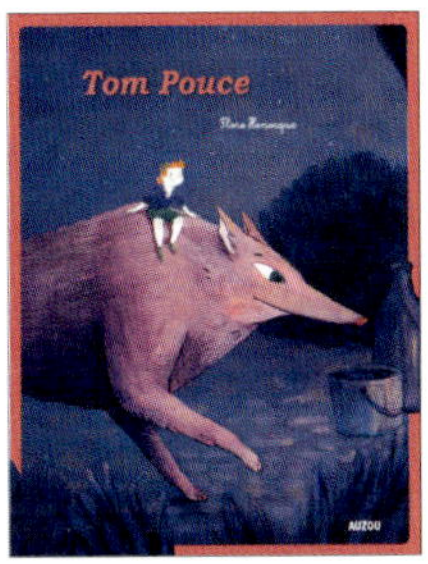

Tom Pouce
Flore Henocque

9 782733 833247

Le Vaillant Petit Tailleur
Christelle Galloux

9 782733 839782

La Soupe au caillou
Céline Riffard

Les p'tits classiques

dès 3 ans | 170 x 217 mm • 24 pages | 3,95 €

9782733848081

Le Corbeau et le Renard
Lili la Baleine

9782733846773

Le Lièvre et la Tortue
Léa Fabre

9782733840023

Alice au pays des merveilles
Paku

9782733833650

Barbe-Bleue
Lilidoll

9782733832769

Le Magicien d'Oz
Katia de Conti

9782733833483

Le Chat botté
Mélanie Grandgirard

9782733833490

Le Petit Poucet
Frédéric Niedbala

9782733833667

Le Joueur de flûte
Margaux Saltel

9782733827949

Les Musiciens de Brême
Laure du Faÿ

9782733827413

La Petite Sirène
Coralie Vallageas

9782733827918

La Belle au bois dormant
Eléonore Della Malva

9782733828199

Le Petit Chaperon rouge
Virginie Martins-B

Les p'tits classiques

dès 3 ans | 170 x 217 mm • 24 pages | 3,95 €

9782733833476

Peau d'Âne
Claire Gandini

9782733833506

Le loup et les Sept Chevreaux
Marie Quentrec

9782733827963

Pinocchio
Mayana Itoïz

9782733827987

Hansel et Gretel
Mathilde Lebeau

9782733828168

La Princesse au petit pois
Gaia Bordicchia

9782733827956

Jacques et le haricot magique
Virginie Guerin

9782733828182

Boucle d'Or et les trois ours
Marie Morey

9782733828007

La Chèvre de monsieur Seguin
Jean-Claude Gibert

9782733827185

Blanche-Neige
Romain Mennetrier

9782733828151

Petite poule rousse
Raphaëlle Michaud

9782733827994

Peter Pan
Mellie Theïs

9782733828014

Cendrillon
Sejung Kim

Les p'tits classiques à écouter

dès 3 ans | 170 x 217 mm • 24 pages • 1 CD | 4,95 €

Les classiques de l'enfance à lire et à écouter sur CD
et fichier audio téléchargeable.

9782733866313

La Belle et la Bête + CD
Colonel Moutarde

9782733866320

Le Chat botté + CD
Mélanie Grandgirard

9782733860250

Alice au pays des merveilles + CD
Lilidoll

9782733862131

Boucle d'Or et les trois ours + CD
Marie Morey

9782733862148

Cendrillon + CD
Sejung Kim

9782733860236

Hansel et Gretel + CD
Mathilde Lebeau

Jacques et le haricot magique + CD
9782733862162

La Chèvre de monsieur Seguin + CD
9782733862117

Le Magicien d'Oz + CD
9782733860243

Le Petit Chaperon rouge + CD
9782733862155

Les Trois Petits Cochons + CD
9782733862124

Mes p'tits albums

dès 3 ans | 210 x 210 mm • 32 pages | 5,95 €

Une collection d'histoires tendres et drôles à raconter, à écouter, pour partager de bons moments, exprimer ses émotions, imaginer et rêver...

9782733839072

Ali Gatore se prend pour le roi
Yann Walcker/ Ewen Blain
Thème : Caprices

9782733846650

La boutique d'Anatole le campagnol
Ghislaine Biondi / Lucy Fleming
Thème : Amitié

9782733862919

Andin se fait un nouveau copain
Natacha Godeau / Marie Paruit
Thèmes : Jalousie - Partage

9782733813270

Armande la vache qui n'aimait pas ses taches !
Élodie Richard / Izou
Thème : L'acceptation de soi

9782733835128

Babou a un talent fou !
Yann Walcker / Benjamin Bécue
Thèmes : Jalousie - Talent

9782733822975

Camille veut une nouvelle famille
Yann Walcker / Mylène Rigaudie
Thèmes : Tolérance - Famille

9782733825372

Cédric veut être fils unique !
Aurélie Desfour / Coline Citron
Thème : Rivalité entre frères et sœurs

9782733811917

La chauve-souris et l'étoile
Alice Brière-Haquet / Delphine Brantus
Thème : Exprimer son émotion

9782733857649

Charlotte la marmotte a la bougeotte
Ghislaine Biondi / Tony Neal
Thème : Impatience

9782733818268

Crocky a mal aux dents !
Yann Walcker / Mathilde Lebeau
Thèmes : Hygiène - Santé

9782733812877

Croquette devient grand frère
Armelle Renoult / Claire Frossard
Thème : Arrivée d'un petit frère ou d'une petite sœur

9782733842270

La grosse colère d'Esther
Emmanuelle Cabrol / Olga Demidova
Thème : Colère

Mes p'tits albums

dès 3 ans | 210 x 210 mm • 32 pages | 5,95 €

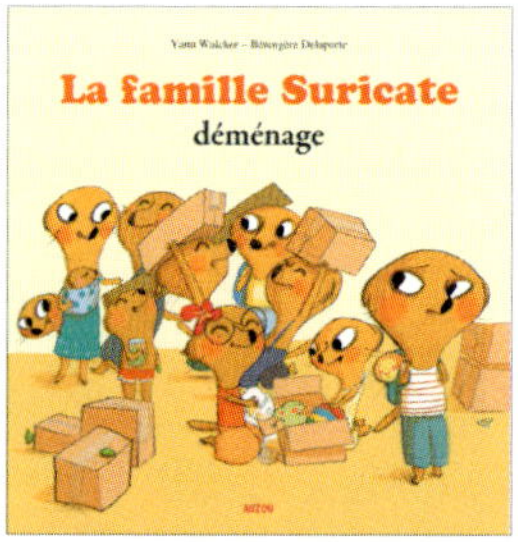

La famille Suricate déménage
Yann Walcker / Bérengère Delaporte
Thème : Déménagement

Ferdinand le Papa Goéland
Orianne Lallemand / Frédéric Multier
Thèmes : Entraide - Amour

Grisette, la Petite Souris
Natacha Godeau / Axelle Vanhoof
Thèmes : Secret - Petite Souris

Hector et la chasse au trésor
Céline Claire / Mélanie Allag
Thèmes : Courage - Entraide

Kiss le serpent s'ennuie tout le temps
Coralie Saudo / Mélanie Grandgirard
Thème : Ennui

Le bisou de Justin
Caroline Roque / Louis Thomas
Thème : Amour

Léonard est un drôle de canard
Yann Walcker / Julie Mercier
Thèmes : Handicap - Différence

Léo le phoque au secours de son ami
Anouk Filippini / Romain Mennetrier
Thèmes : Entraide - Animaux de la banquise

Léon le raton part découvrir le monde
Lucie Papineau / Tommy Doyle
Thèmes : Différence - Voyage - Famille

Sa majesté Léonardo n'en fait qu'à sa tête
Yann Walcker / Olivier Huette
Thème : Obéissance

Malou et Maëlle les jumelles coccinelles
Yann Walcker / Laura Woods
Thème : Gémélité

Manolo le blaireau se prépare pour l'hiver
Christelle Vallat / Cécile Touzé
Thème : Entraide

Mes p'tits albums

dès 3 ans | 210 x 210 mm • 32 pages | 5,95 €

9 782733 817865

Martin le pingouin a un nouveau voisin
Yann Walcker / Vanessa Gautier
Thème : Solidarité

9 782733 817872

Mika l'ourson a peur du noir
Yann Walcker / Nicolas Duffaut
Thème : Peur du noir

9 782733 810705

Octave ne veut pas grandir
Élisabeth de Lambilly / Jérôme Peyrat
Thème : Devenir autonome

9 782733 866788

Octavo a deux maisons
Corinne Boutry / Barbara Brun
Thème : Famille / Séparation

9 782733 819128

Petit Castor reçoit un drôle de cadeau !
Armelle Renoult / Stéphanie Ronzon
Thème : Générosité

9 782733 816141

Petit panda cherche un ami
Claire Bertholet / Pascal Vilcollet
Thème : Amitié

9 782733 813683

La petite souris et la dent
Virginie Hanna / Delphine Bodet
Thème : Différence

9 782733 824382

Pipo raconte n'importe quoi !
Yann Walcker / Emmanuel Ristord
Thème : Mensonge

9 782733 810682

Renard et les trois œufs
Catherine Parmentier-Blancard
Thème : Confiance

9 782733 821909

Renato aide le Père Noël
Virginie Hanna / Maud Legrand
Thème : Confiance en soi

9 782733 818015

Robin, le petit écureuil des bois
Claire Bertholet / Virginie Martins-B.
Thème : Peur de l'inconnu

9 782733 813263

Rosetta Banana n'est pas cracra !
Virginie Hanna / Christel Desmoinaux
Thème : Acceptation de soi

Mes p'tits albums

dès 3 ans | 210 x 210 mm • 32 pages | 5,95 €

9 782733 810712

Roucoule est amoureuse

Karine Laurent / Stéphanie Alastra

Thème : Différence

9 782733 827260

Sami le ouistiti, prince d'Amazonie

Yann Walcker / Sofie Kenens

Thèmes : Écologie - Respect

9 782733 853016

Scratch l'éléphant est trop collant !

Coralie Saudo / Mélanie Grandgirard

Thème : Autonomie

9 782733 817278

Séraphin, le prince des dauphins

Carlo Zaglia / Bruno Robert

Thème : Humilité

9 782733 841624

Vladimir ne veut pas dormir

Anouk Filippini / Marine Cazaux

Thème : Sommeil

9 782733 811924

Zafo le petit pirate !

Virginie Hanna / Michel Boucher

Thème : Devenir grand

Recueils p'tits albums

dès 3 ans

NOUVEAU

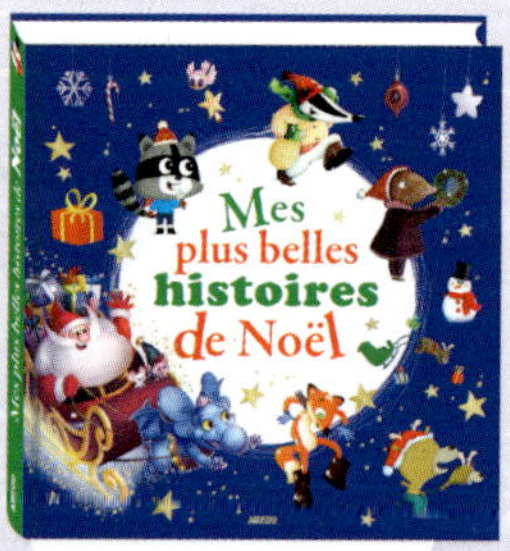

9 782733 885833

Mes plus belles histoires de Noël

215 x 215 mm • 164 pages • Couverture cartonnée • **19,95 €**

9 782733 864562

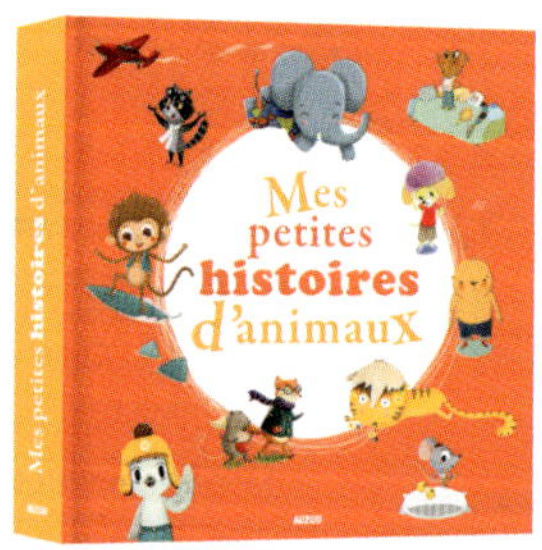

Mes petites histoires d'animaux

Collectif

215 x 215 mm • 324 pages • Couverture cartonnée • **14,95 €**

Mes p'tits albums

dès 3 ans | 210 x 210 mm • 32 pages | 5,95 €

Augustin

Pascal Brissy / Léa Fabre

Augustin, Maître Corbeau et la chocogalette
Thème : Partage
9782733877609

Augustin et la course aux œufs de Pâques
Thème : Pâques
9782733839515

Augustin et l'œuf de Pâques géant
Thèmes : Entraide - Pâques
9782733859551

Berlingot

Virginie Hanna / Amandine Piu

9782733834558

Berlingot n'a peur de rien !
Thème : Curiosité

9782733812884

Berlingot est un superhéros
Thème : Devenir autonome

Chouquette

Yann Walcker / Charlotte Ameling

9782733829882

Chouquette est dans la lune
Thème : Distraction

9782733823743

Chouquette et les Secrets Magiques
Thème : Confiance en soi

Clotilde

Yann Walcker / Romain Mennetrier

9782733833193

Clotilde aide sa nouvelle amie
Thèmes : Amitié - Entraide

9782733823958

Clotilde part en colonie de vacances
Thèmes : Autonomie - Timidité

Mes p'tits albums

dès 3 ans | 210 x 210 mm • 32 pages | 5,95 €

Jules

Katherine Quénot / Axelle Vanhoof

9782733833209

Jules veut soigner son ami
Katherine Quénot / Axelle Vanhoof
Thèmes : Maladie - Amitié

9782733851760

Jules va à l'école
Katherine Quénot / Axelle Vanhoof
Thèmes : École - Amitié

Moustache

dès 3 ans | 210 x 210 mm • 32 pages | 5,95 €

Armelle Renoult / Mélanie Grandgirard

NOUVEAU

9782733877531

C'est de la triche, Moustache !
Thème : Triche

9782733810699

Moustache ne se laisse pas faire
Thème : Amitié

9782733831762

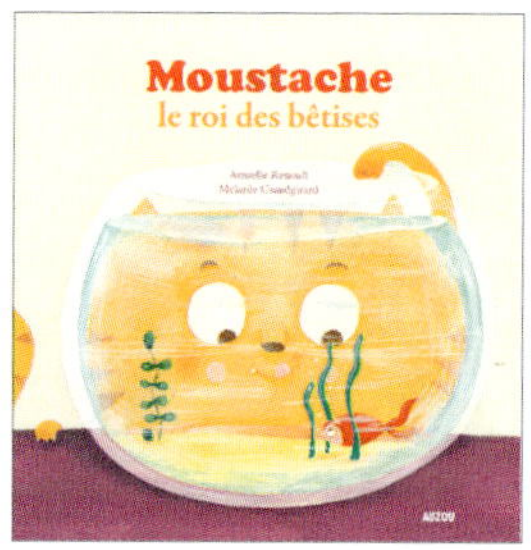

Moustache le roi des bêtises
Thème : Bêtises

9782733840177

Un mensonge de trop pour Moustache
Thème : Mensonge

9782733856543

Moustache a un nouveau rival
Thème : Rivalité

9782733865644

Moustache a peur du noir
Thème : Peur du noir

Mes p'tits albums

dès 3 ans | 210 x 210 mm • 32 pages | 5,95 €

Simon

Sophie de Mullenheim / Romain Guyard

9 782733 842065

Simon a une nouvelle maison

Thèmes : Peur de l'inconnu - Amitié

9 782733 840085

Simon et la drôle d'invention

Thème : Créativité

9 782733 841655

Simon est tête en l'air

Thème : Étourderie

9 782733 844236

Simon et la petite souris

Thème : Petite souris

9 782733 849293

Simon joue les détectives

Thème : Enquête

9 782733 860977

Simon a une petite sœur

Thème : Famille

9 782733 850466

Simon a une nouvelle maîtresse

Thème : Adaptation

Walter

Fabienne Blanchut / Coralie Vallageas

Walter enquête à la piscine

Thème : Vol

9 782733 860281

Walter enquête à la bibliothèque

Thèmes : Enquête - Jalousie

9 782733 858288

Walter enquête à la patinoire

Thèmes : Triche

9 782733 860274

Mes grands albums

dès 3 ans | 250 x 250 mm • 32 pages • Couverture mousse | 9,80 €

Les plus beaux succès de la collection « Mes P'tits albums » en grand format rigide et couverture en mousse.

9782733817315

Armande la vache qui n'aimait pas ses taches !
É. Richard / Izou

9782733817322

Berlingot est un superhéros
V. Hanna / A. Piu

9782733832226

Ferdinand le Papa Goéland
O. Lallemand / F. Multier

9782733835678

Hector et la chasse au trésor
C. Claire / M. Allag

9782733837122

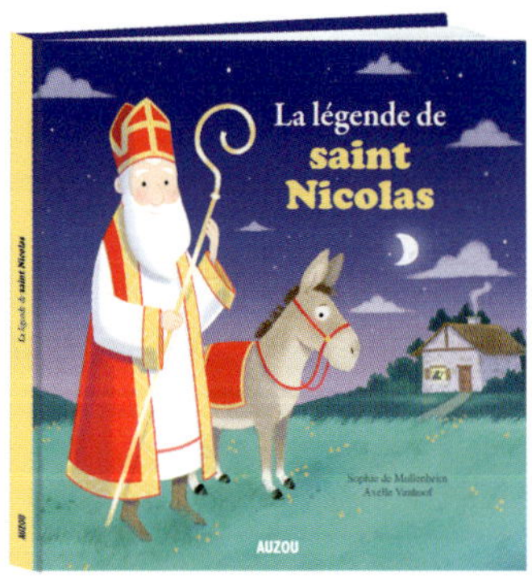

La légende de saint Nicolas
S. de Mullenheim / A. Vanhoof

9782733836125

Léon le raton part découvrir le monde
L. Papineau / T. Doyle

Mes grands albums

dès 3 ans

250 x 250 mm • 32 pages • Couverture mousse

9,80 €

Renato aide le Père Noël
V. Hanna / M. Legrand

Renato et le traîneau du Père Noël
V. Hanna / M. Legrand

Moustache

Moustache ne se laisse pas faire
A. Renoult / M. Grandgirard

Simon

Simon et le Grand Marathon des rennes de Noël
S. de Mullenheim / R. Guyard

Simon le raton a une nouvelle maison
S. de Mullenheim / R. Guyard

Albums grand format

dès 3 ans

De magnifiques histoires pleines de poésie et d'émotion pour partager un véritable moment de lecture.

NOUVEAU

9782898240065

Nanouk, l'ourson de Noël

Gilles Tibo / Sabrina Gendron
265 x 340 mm • 32 pages
• **12,95 €**

9782733874066

dès 7 ans

Les aventures de Tom Sawyer

Bénédicte Rivière /
Vinciane Schleef
240 x 340 mm • 40 pages
• **14,95 €**

9782733875254

La moufle

Sophie de Mullenheim /
Maud Legrand
225 x 307 mm • 28 pages
• **9,95 €**

9782733824344

dès 7 ans

Le Magicien d'Oz

Anouk Filippini / Élodie Coudray
297 x 340 mm • 40 pages
• D'après le roman de F. L. Baum
• **17,50 €**

9782733840108

dès 7 ans

Le Prince rouge

Charlie Roscoe / Tom Clobosy Cole
240 x 290 mm • 32 pages
• **14,95 €**

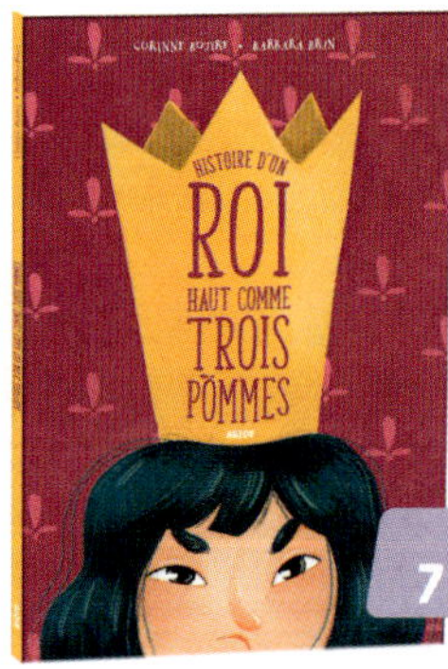

9782733854242

dès 7 ans

Histoire d'un roi haut comme trois pommes

Corinne Boutry / Barbara Brun
240 x 300 mm • 32 pages
• **14,95 €**

9782733836644

dès 7 ans

Mazort Fugus

Perrine Joe / Elice
240 x 340 mm • 40 pages
• **14,95 €**

Les albums Auzou

dès 3 ans | 9,95 €

De magnifiques histoires pleines de poésie et d'émotion pour partager un véritable moment de lecture.

NOUVEAU

Des bisous ? Beurk !!!
Andrée Poulin /
Anne-Claire Delisle
240 x 300 mm • 32 pages

Maman, c'est quoi le bonheur ?
Delphine Gilles Cotte /
Bérengère Delaporte
175 x 240 mm • 28 pages

Blanche et les chats
Jérémie Fleury
240 x 300 mm • 32 pages

Ma semaine avec toi
Marie Leymarie /
Amélie Graux
175 x 240 mm • 32 pages

Aïe aïe aïe !
Christine Naumann-Villemin /
Ana Duna
245 x 300 mm • 24 pages

Le bisou Guéritout
Alain Grousset / Héloïse Mab
245 x 280 mm • 32 pages

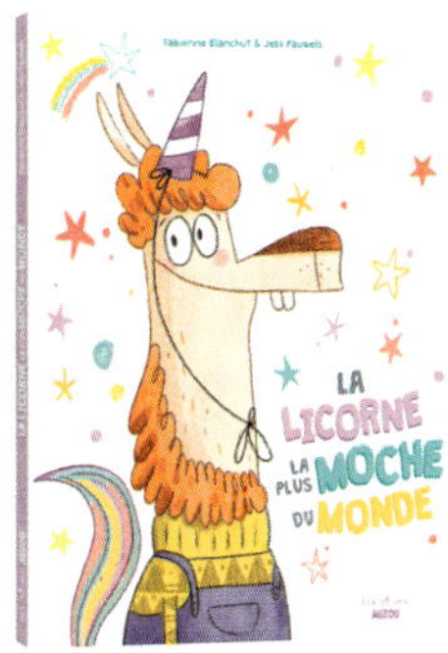

La licorne la plus moche du monde
Fabienne Blanchut /
Jess Pauwels
240 x 300 mm • 32 pages

Intégrales

dès 5 ans | 215 x 275 mm | 19,95 €

Les chefs-d'œuvres des fables et des contes classiques à lire et à redécouvrir en famille.

NOUVEAU

9 782733 880869

Les plus belles fables d'Ésope
Kelly Anne Dalton
240 pages

9 782733 865309

Les plus beaux contes du monde
Adèle Pédrola / Sara Ugolotti
248 pages

9 782733 858752

Les plus beaux récits de la mythologie grecque
Adèle Pédrola / Barbara Brun
248 pages

9 782733 849804

Les plus belles légendes du Moyen Âge
Anouk Filippini / Carole Hénaff
240 pages

9 782733 837658

Les plus beaux contes des Mille et Une Nuits
Adèle Pédrola / Thomas Tessier
254 pages

Les contes de Perrault
Thomas Tessier
224 pages
9 782733 829356

Les plus beaux contes d'Andersen
Jean-Noël Rochut
224 pages
9 782733 822098

Les contes de Grimm
Jean-Noël Rochut
416 pages • **24,95 €**
9 782733 817377

Les fables de La Fontaine
Jean-Noël Rochut
552 pages • **24,95 €**
9 782733 817384

Recueils universels

dès 6 ans | 240 x 280 mm | 17,50 €

Une collection de recueils d'histoires emblématiques, aux auteurs incontournables étrangers ou français, pour le plaisir des enfants et de leurs parents !

NOUVEAU

9782733881088

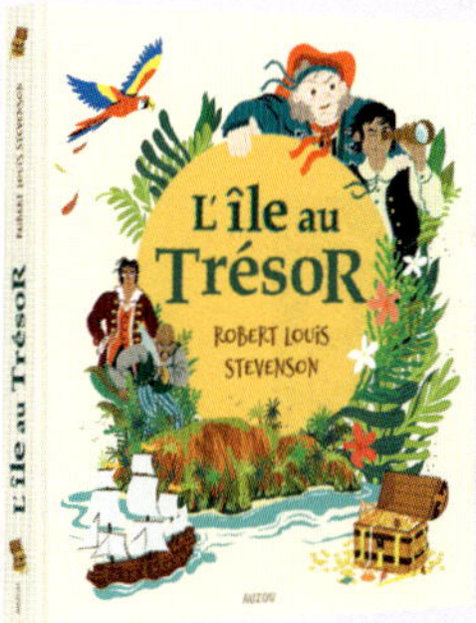

L'île au trésor
Claude Carre / Olivia Sautreuil
Illustration : Olivia Sautreuil
• Adaptation : Claude Carré
• 90 pages
• **16,95 €**

dès 9 ans

9782733865767

Romans d'aventure d'Alexandre Dumas
Alexandre Dumas
Illustration : Nan Lawson
• Adaptation : Claude Carré
• 145 pages

9782733862100

Les aventures de Sherlock Holmes
Arthur Conan Doyle
Illustration : Nathalie Ragondet
• Adaptation : Rosalind Elland-Goldsmith • 100 pages

9782733844588

Les malheurs de Sophie
Comtesse de Ségur
Illustration : Romain Mennetrier
• Adaptation : C. Potard
• 136 pages

9782733850961

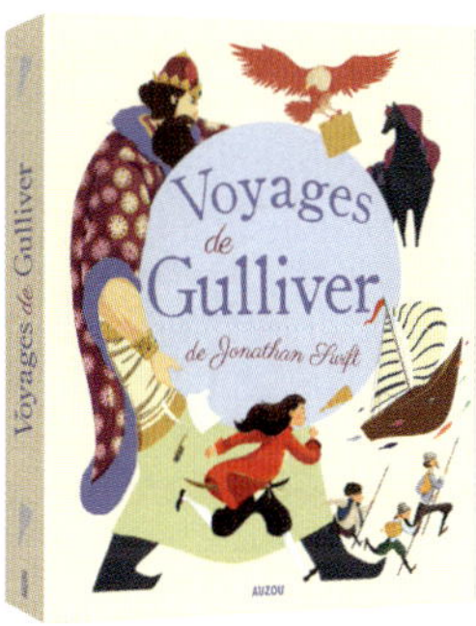

Les voyages de Gulliver
Jonathan Swift
Illustration : K22 illustration
• Adaptation : C. Carré
• 128 pages

9782733836873

L'Iliade et l'Odyssée
Homère
Illustration : R. Petruccioli
• Adaptation : C. Potard
• 128 pages

9782733830543

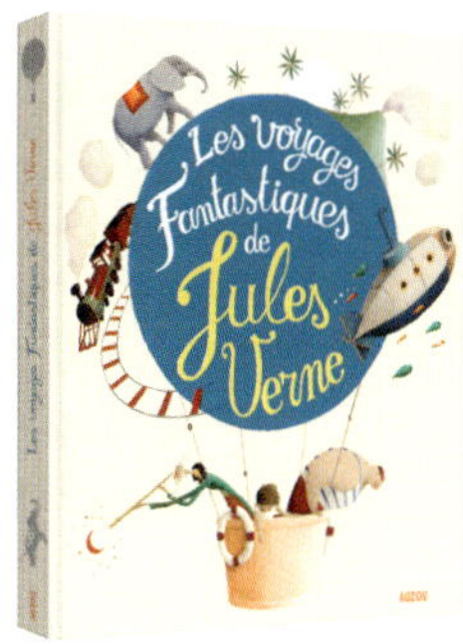

Les voyages fantastiques
Jules Verne
Illustration : E. Puybaret
• Adaptation : C. Carré
• 128 pages

9782733824337

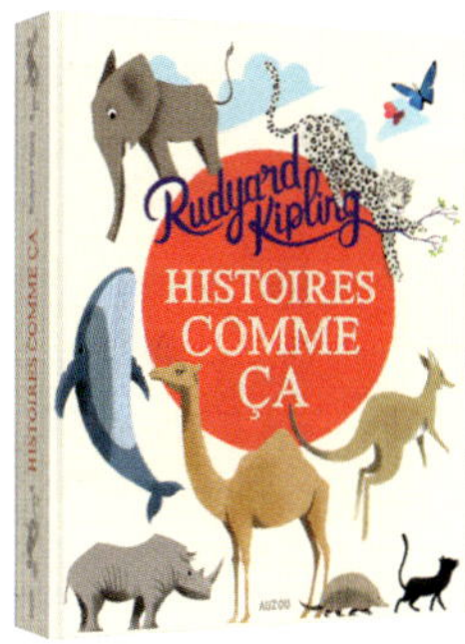

Histoires comme ça
Rudyard Kipling
Illustration : Sébastien Pelon
• Traduction : N. Peronny
• 112 pages

Papiers découpés

dès 5 ans

340 x 233 mm • 6 doubles-pages • 6 extraits sonores

24,95 €

Huit contes, légendes ou fables classiques réunis dans un magnifique livre en papiers découpés où chaque histoire est un pop-up, illustrée à la manière d'une scène de théâtre.

NOUVEAU

9782733885376

LIVRE LUMINEUX

Le monde magique de Luciole

Anouk Filippini
Illustration : R. Mennetrier
• Ingénieur papier : Michel Hasson
245 x 245 mm • 6 doubles-pages
• 5 tableaux

9782733878415

sonore

Le Carnaval des animaux

Élodie Fondacci
Illustration : Enright Amanda
• Ingénieur papier : Michel Hasson

dès 6 ans

9782733865965

sonore

La féerie des opéras

Élodie Fondacci
Illustration : Lucille Michieli
• Ingénieur papier :
Michel Hasson

9782733864647

sonore

Les plus beaux ballets

Élodie Fondacci
Illustration : Gemma Roman
• Ingénieur papier : Michel Hasson

9782733862032

sonore

Les plus grands airs de musique classique

Élodie Fondacci
Illustration : Lili La Baleine
• Ingénieur papier :
Michel Hasson

Papiers découpés

dès 6 ans | 340 x 233 mm • 6 doubles-pages | 24,95 €

9782733872048

Fables de La Fontaine
Jean de La Fontaine
Illustration : E. Mora
• Ingénieur papier :
J. Fröhlich

9782733831649

Fables de La Fontaine - Volume 2
Jean de La Fontaine
Illustration : G. Plantevin
• Ingénieur papier :
J. Fröhlich

9782733855058

8 pièces de William Shakespeare
Fiona Waters
Illustration : Lupita
• Ingénieur papier :
Michel Hasson

9782733844700

Les Mille et Une Nuits
Illustration &
ingénieur papier :
Hélène Druvert

9782733829899

La Bible
Jean-Michel Billioud
Illustration :
Sébastien Pelon
• Ingénieur papier :
Jonas Le Saint

9782733825808

La mythologie grecque
Illustration : Rita Petruccioli
• Ingénieur papier :
Eric Singelin

Le soir avec

dès 5 ans | 215 x 275 mm • 172 pages | 12,95 €

De beaux recueils thématiques pour transmettre à vos enfants
ce qui vous a fait rêver un jour.

Collectif

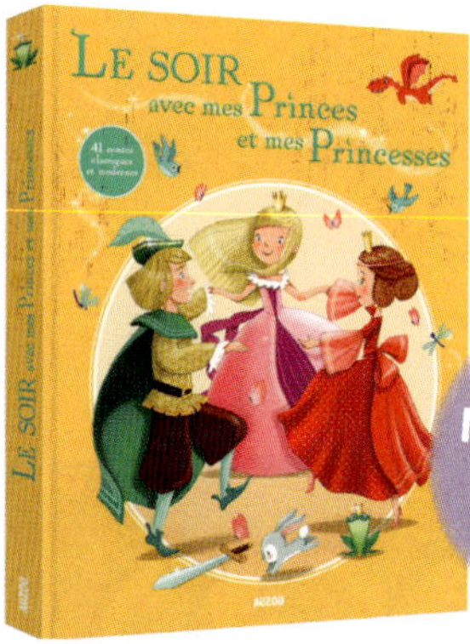

NOUVELLE ÉDITION

9 782733 866382

Le soir avec mes Princes et Princesses

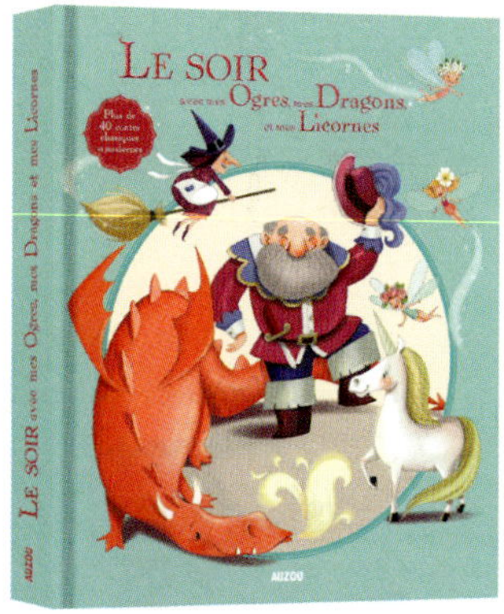

9 782733 842263

Le soir avec mes Ogres, mes Dragons, mes Licornes

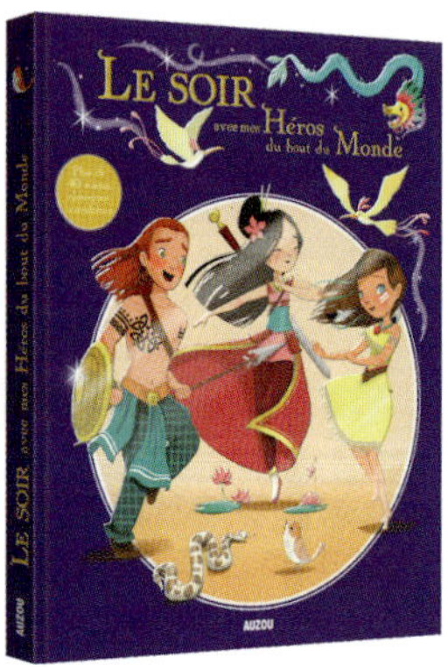

9 782733 851715

Le soir avec mes Héros du bout du Monde

9 782733 835647

Le soir avec mes Pirates, mes Aventuriers, mes Chevaliers...

9 782733 824894

Le soir avec mes Animaux

Mon livre carrousel

dès 4 ans | 340 x 233 mm • 10 doubles-pages | 19,95 €

Cinq contes mis en scène dans des univers magiques, ressuscités grâce aux magnifiques scènes en trois dimensions.

Contes fantastiques
Collectif
Illustration : Sarah Andreacchio • Ingénieur papier : Michel Hasson

Hors collection

NOUVEAU

dès 3 ans

Zino déménage
Patrick Fiori / Yann Tisseron
250 x 250 mm • 32 pages • CD
• 14,95 €

dès 2 ans

Parce que je t'aime
Corinne Boutry / Clerpée / Tony Voinchet
157 x 220 mm • 12 pages • 6 pop-up et mécanismes
• 10,95 €

dès 6 ans

unicef pour chaque enfant

Mes histoires pour sauver la planète
Natacha Godeau / Sophie de Mullenheim / Christelle Vallat / Annette Marnat
240 x 280 mm • 84 pages • 4 histoires poétiques et illustrées qui expliquentde façon subtile les problématiques écologiques d'aujourd'hui.
• 17,95 €

ROMANS

Premiers pas dès 6 ans

Pour les lecteurs qui commencent à lire.

Mes premières enquêtes

Emmanuel Trédez / Ill. : Maud Riemann / **Thèmes : Aventure - Enquête - Jeux de lettres**

© Jérémie GRAPHIK studio

Emmanuel Trédez

Ancien éditeur, Emmanuel Trédez est un auteur français qui écrit des histoires pour les jeunes lecteurs depuis 20 ans. Chez Auzou, il est l'auteur des séries *Mes premières enquêtes* (Premiers pas) et *Mes enquêtes à l'école des détectives* (Pas à Pas). Il vit en région parisienne.

Maud Riemann

Maud travaille pour l'édition jeunesse et la presse. Elle a remporté en 2004 le Prix Figures Futur du salon du livre de Montreuil. Parallèlement à son activité free-lance, elle enseigne la peinture dans l'établissement où elle a été diplômée : Émile Cohl.

9782733863107

Mes premières enquêtes - Coffret des tomes 1 à 3

198 x 140 mm • 120 pages • Contient 3 romans : *Le fantôme du château* ; *Mystère au zoo* ; *Mystère et bonhomme de neige* • **14,95 €**

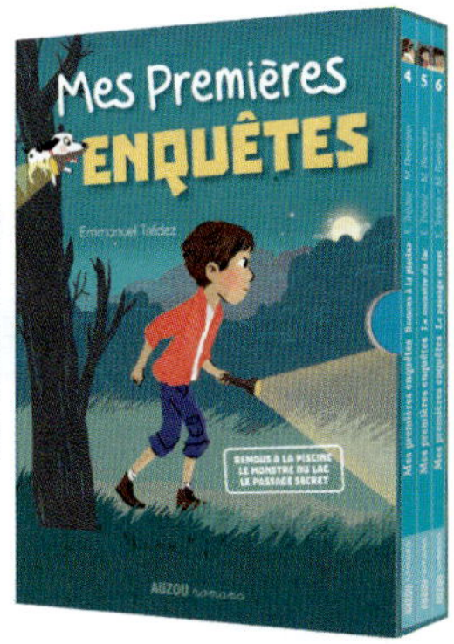

9782733874882

Mes premières enquêtes - Coffret des tomes 4 à 6

198 x 140 mm • 120 pages • Contient 3 romans : *Remous à la piscine* ; *Le monstre du lac* ; *Le passage secret* • **14,95 €**

NOUVEAU

9782733885901

Mes premières enquêtes - Coffret des tomes 7 à 9

198 x 140 mm • 120 pages • Contient 3 romans : *Le mystérieux amoureux* ; *Le trésor de la femme pirate* ; *Sur les traces de la licorne* • **14,95 €**

Premiers pas

dès 6 ans | 140 x 185 mm • 40 pages | 5,50 €

Pour les lecteurs qui commencent à lire.

Mes premières enquêtes

Emmanuel Trédez / Ill. : Maud Riemann / **Thèmes : Aventure - Enquête - Jeux de lettres**

9782733841501

le Prix des Embouquineurs

1. Le fantôme du château

9782733841518

2. Mystère au zoo

9782733848296

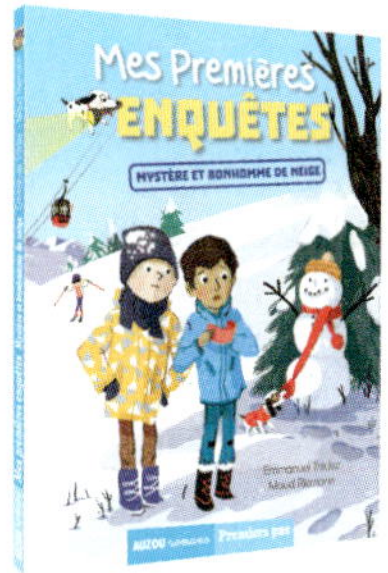

3. Mystère et bonhomme de neige

9782733848302

Prix Tatoulu 2018

4. Remous à la piscine

9782733850909

5. Le monstre du lac

9782733850916

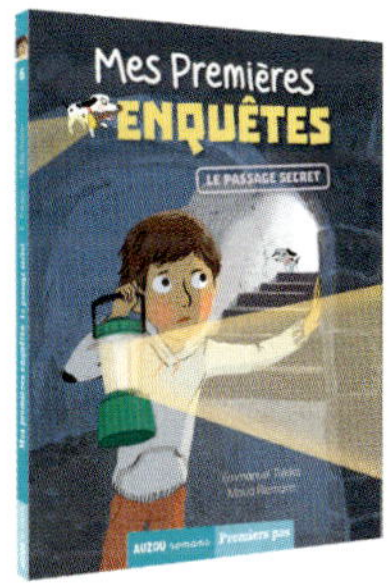

6. Le passage secret

9782733859568

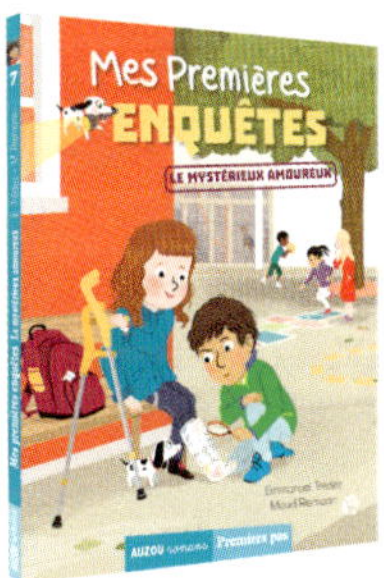

7. Le mystérieux amoureux

9782733862414

8. Le trésor de la femme pirate

9782733869840

9. Sur les traces de la licorne

Premiers pas

dès 6 ans | 140 x 185 mm • 40 pages | 5,50 €

Pour les lecteurs qui commencent à lire.

Mes premières enquêtes

Emmanuel Trédez / Ill. : Maud Riemann / **Thèmes : Aventure - Enquête - Jeux de lettres**

10. Les pièges du labyrinthe

NOUVEAU

11. Coup de théâtre

Coffret Mes premières enquêtes
Coffret : 220 x 195 mm
• Contenu : 1 roman *Le trésor de la femme pirate*, 1 bouteille à la mer, 1 loupe et 1 carnet d'enquêteur • **15,95 €**

Escape game au château
Concepteo / Emmanuel Trédez / Maud Riemann
320 x 220 x 60 mm • 1 plateau en 3D • Divers accessoires (180 cartes énigmes, 1 loupe, 1 sablier, 1 carnet ...) • **Prix de vente conseillé : 29,95 €**

Premiers pas

dès 6 ans | 140 x 185 mm • 32 pages | 5,50 €

Pour les lecteurs qui commencent à lire.

Le Club des Pipelettes

Orianne Lallemand / Ill. : Florence Guittard / **Thèmes : Aventure - Magie - Amitié**

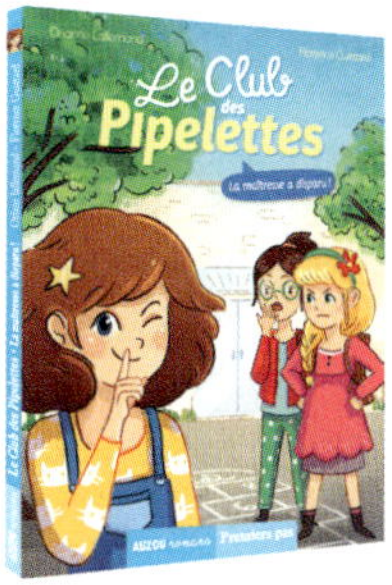

1. La maîtresse a disparu !

9 782733 841952

2. Soirée pyjamagique !

9 782733 841969

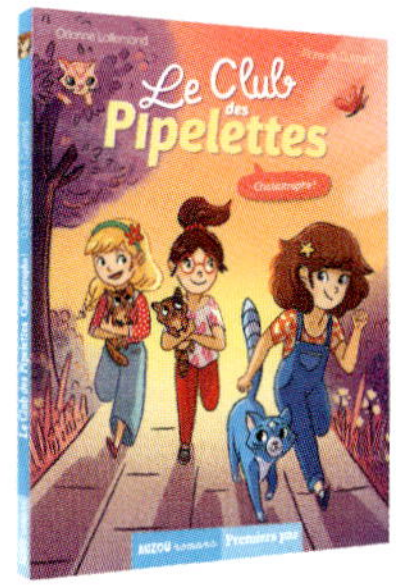

3. Chatastrophe !

9 782733 847398

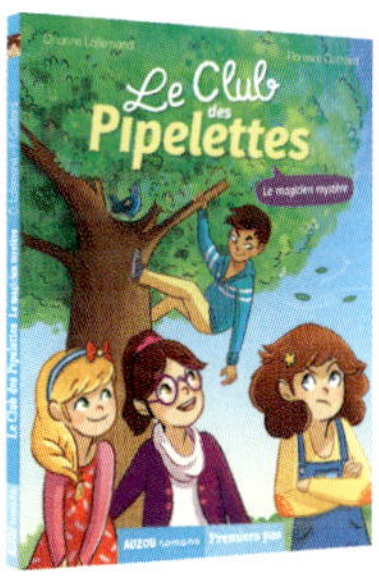

4. Le magicien mystère

9 782733 850923

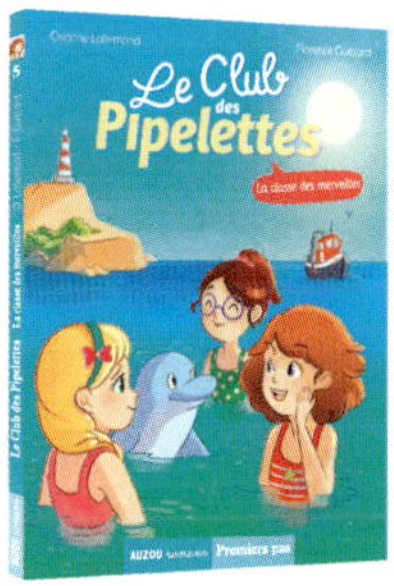

5. La classe des merveilles

9 782733 858981

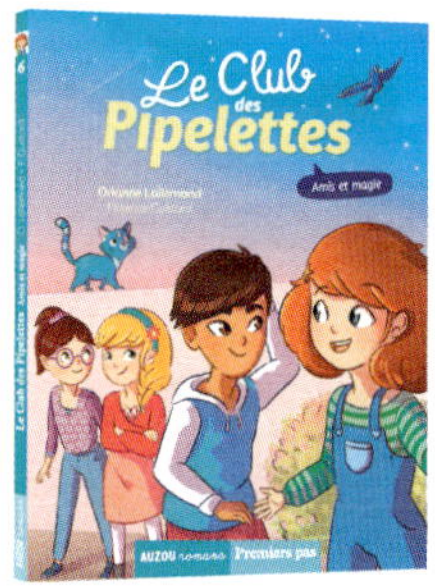

6. Amis et magie

9 782733 861387

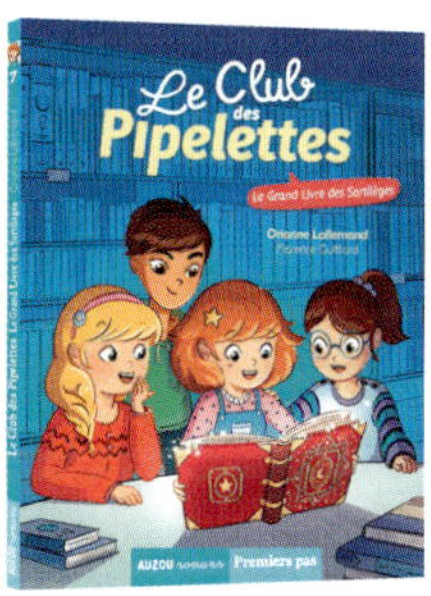

7. Le Grand Livre des Sortilèges

9 782733 868645

8. Joyeux magiversaire !

9 782733 872093

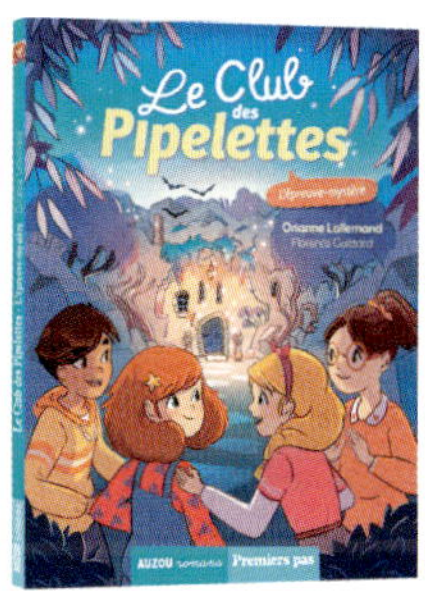

9. L'épreuve mystère

9 782733 879399

Premiers pas

dès 6 ans | 140 x 185 mm • 32 pages

Pour les lecteurs qui commencent à lire.

Fan de foot

40 pages | 5,95 €

Éric Simard / Ill. : Karim Friha / **Thèmes : Football - Amitié - Mixité**

Avec les conseils des champions Olivier Giroud et Eugénie Le Sommer !

NOUVEAU

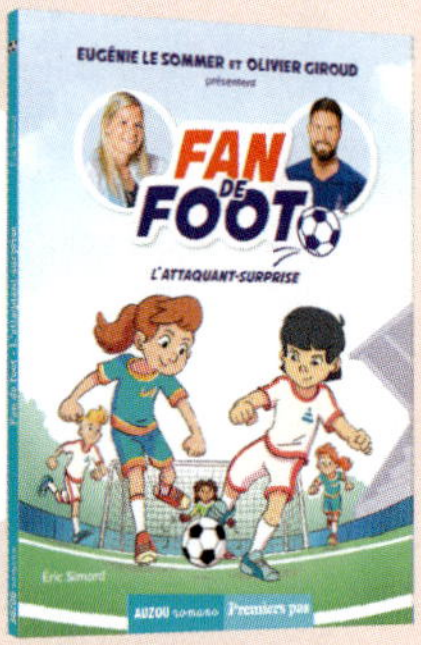

1. L'attaquant-surprise

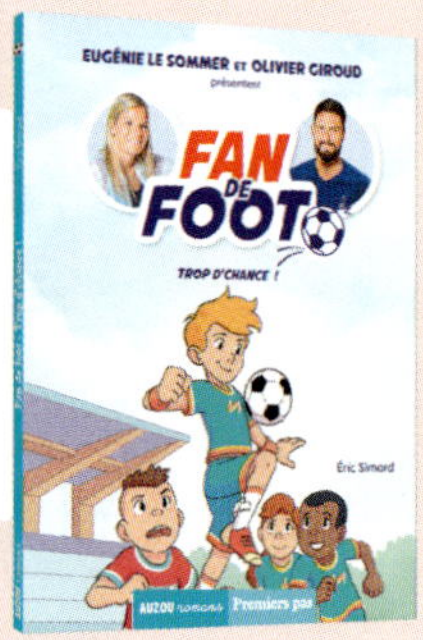

2. Trop d'chance !

La forêt magique

5,50 €

Natacha Godeau / Ill. : Nan Lawson / **Thèmes : Aventure - Magie - Fratrie**

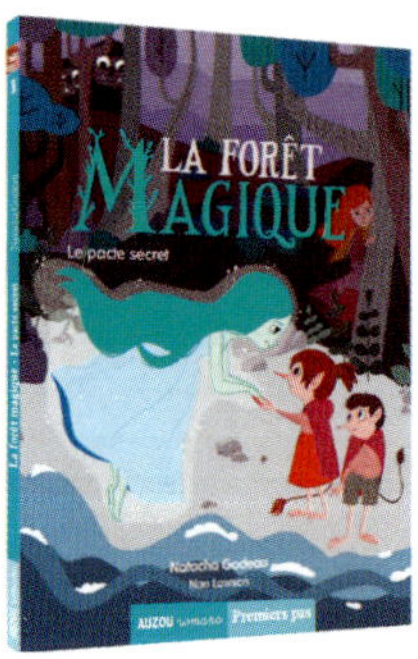

1. Le pacte secret

2. Un visiteur inattendu

3. La bataille des sortilèges

Premiers pas

dès 6 ans | 140 x 185 mm • 32 pages | 5,50 €

Pour les lecteurs qui commencent à lire.

La maîtresse en minibus

Sophie Laroche / Stéphanie Fau / Ill. : Mioz Lamine

Thèmes : École - Vie quotidienne - Humour

NOUVEAU

1. Au secours, les devoirs !

9 782733 884195

Bienvenue au Poney Club

Sophie Noël / Ill. : Célia Nilès

Thèmes : Équitation - Amitié

1. Le nouveau

9 782733 882597

Kat Megawatt

Aurélie Gerlach / Ill. : Benjamin Strickler / **Thèmes : Amitié - Fantastique - Humour**

1. Rencontre avec miss étincelles

9 782733 862094

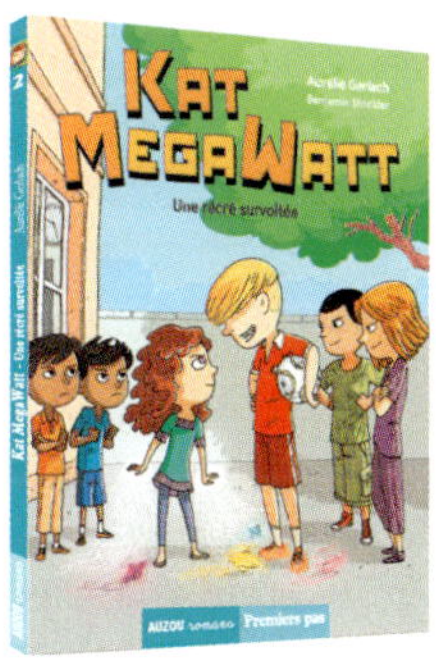

2. Une récré survoltée

9 782733 863763

3. Un grand-père comme neuf

9 782733 868638

Pas à pas

dès 7 ans | 140 x 185 mm • 64 pages | 5,95 €

Pour les lecteurs qui lisent tout seuls.

La saga des dragons

Éric Sanvoisin / Ill. : Jérémie Fleury / **Thèmes : Fantasy - Aventure**

Éric Sanvoisin

Je suis tombé dans l'écriture quand j'avais dix ans. Au début, j'ai bu la tasse. Maladroitement, j'ai réussi à flotter. Et, peu à peu, j'ai appris à nager dans le cours des mots. Puis le temps a passé… Père de neuf enfants et d'une septantaine de livres, je suis bibliothécaire à Saint-Brieuc. Je cherche à donner aux petits lecteurs l'envie de lire les mots imprimés et je suggère à ceux qui ne le savent pas encore que les livres sont leurs amis. Parfois, ça marche. Parfois, ça ne marche pas. C'est la vie !

© Jérémie Fleury

Jérémie Fleury

C'est durant mon enfance dans les paysages de Bourgogne que je me suis découvert une passion pour le dessin. En 2010, je suis sorti diplômé de l'école lyonnaise d'illustration et d'infographie Emile Cohl. J'ai alors commencé à exercer mes talents de dessinateur/concepteur pour des studios de jeux vidéo avant de m'installer à mon compte et de multiplier les réalisations pour l'édition jeunesse. Mes univers de prédilection sont ceux de l'imaginaire et du fantastique. Les histoires se déroulant dans des époques anciennes m'inspirent également.

L'enfant-dragon 1. La première flamme

9 782733 827901

L'île aux dragons 1. Braise

9 782733 833049

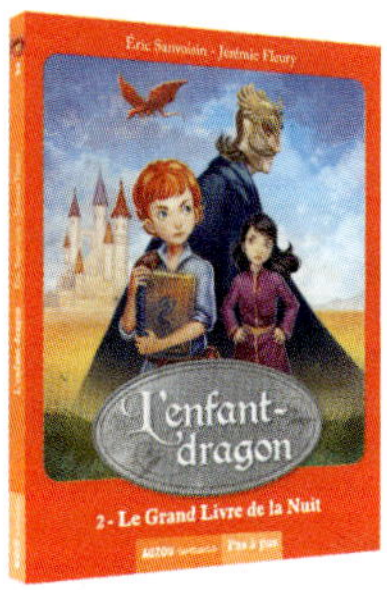

L'enfant-dragon 2. Le Grand Livre de la Nuit

9 782733 822456

L'île aux dragons 2. Le Borgne rouge

9 782733 833056

L'enfant-dragon 3. Le fils de l'eau et du feu

9 782733 823279

L'île aux dragons 3. L'homme aux jambes de fer

9 782733 839492

Pas à pas | **dès 7 ans** | 140 x 185 mm • 64 pages | **5,95 €**

Pour les lecteurs qui lisent tout seuls.

La saga des dragons

Éric Sanvoisin / Ill. : Jérémie Fleury / **Thèmes : Fantasy - Aventure**

La colère des dragons 1. Le retour du roi-dragon

9 782733 841570

La colère des dragons 2. La tour de l'Oubli

9 782733 848364

La colère des dragons 3. Le secret des rois

9 782733 851036

9 782733 874578

Coffret La trilogie L'enfant-dragon

140 x 190 mm • Contient 3 romans : *La première flamme* ; *Le Grand Livre de la Nuit* ; *Le fils de l'eau et du feu* • 192 pages • **15,95 €**

9 782733 844595

Coffret La trilogie L'île aux dragons

140 x 190 mm • Contient 3 romans : *Braise* ; *Le Borgne rouge* ; *L'homme aux jambes de fer* • 192 pages • **14,95 €**

9 782733 864050

Coffret La trilogie La colère des dragons

140 x 190 mm • Contient 3 romans : *Le retour du roi-dragon* ; *La tour de l'Oubli* ; *Le secret des rois* • 192 pages • **15,95 €**

Pas à pas

dès 7 ans | 140 x 185 mm • 64 pages | 5,95 €

Pour les lecteurs qui lisent tout seuls.

Le maître des licornes

Éric Sanvoisin / Ill. : Federica Frenna

Thèmes : Fantasy - Aventure - Licorne

1. La forêt des Lumières

2. Le continent Crépuscule

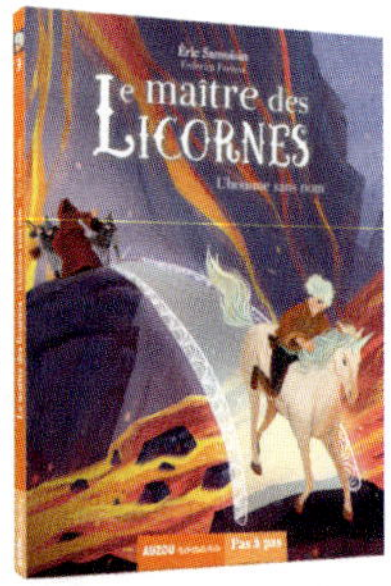

3. L'homme sans nom

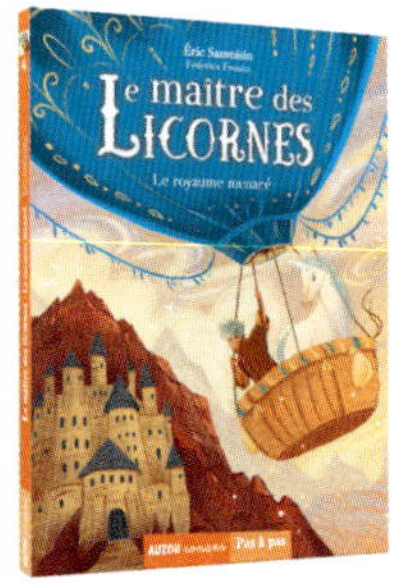

4. Le royaume menacé

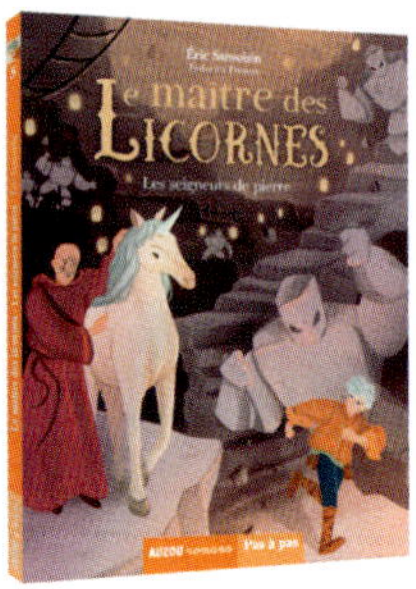

5. Les seigneurs de pierre

6. Ville-Méduse

NOUVEAU

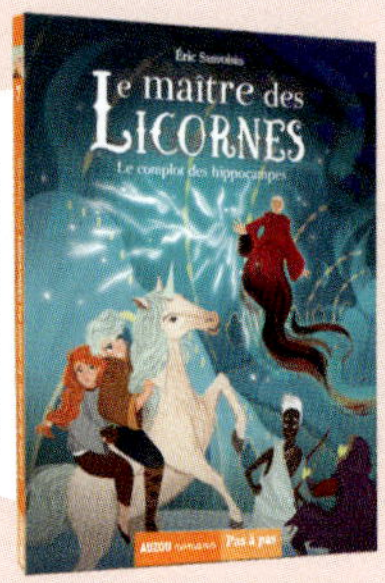

7. Le complot des hippocampes

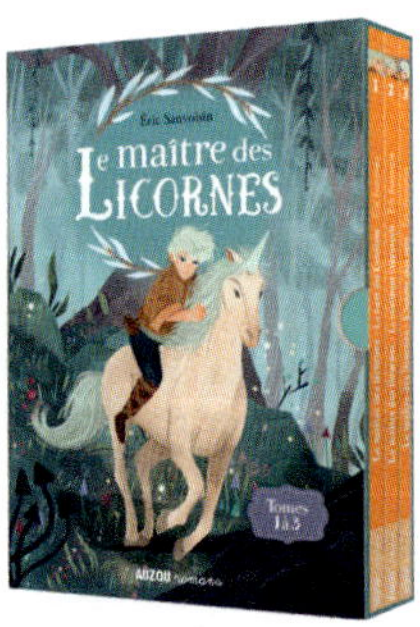

Le maître des licornes - Coffret des tomes 1 à 3

198 x 140 mm • 192 pages • Contient 3 romans : *La forêt des Lumières* ; *Le continent Crépuscule* ; *L'homme sans nom* • 192 pages • **15,95 €**

NOUVEAU

Le maître des licornes - Coffret des tomes 4 à 6

198 x 140 mm • 192 pages • Contient 3 romans : *Le royaume menacé* ; *Les seigneurs de pierre* ; *Ville-Méduse* • 192 pages • **15,95 €**

Pas à pas

dès 7 ans | 140 x 185 mm • 64 pages | 5,95 €

Pour les lecteurs qui lisent tout seuls.

L'appel des loups

Pascal Brissy / Ill. : Sébastien Pelon

Thèmes : Aventure - Amitié - Loups

9782733862452

1. L'ombre du grizzly

9782733862742

2. Le clan des Sangrenuit

9782733871706

3. Le piège de feu

9782733879467

4. L'ennemi invisible

le Prix des Embouquineurs

Prix escapages 2020

Mes enquêtes à l'école des détectives

Emmanuel Trédez / Ill. : Auren

Thèmes : Aventure - Enquête - Jeux de lettres

9782733879405

1. Mes enquêtes à l'école des détectives

NOUVEAU

9782733884218

2. Destination mystère

La clé de mes rêves

Françoise Grard / Ill. : Terkel Risbjerg

Thèmes : Famille - Musique - Liens intergénérationnels

9782733865736

La clé de mes rêves

Pas à pas

dès 7 ans | 140 x 185 mm • 64 pages | 5,95 €

Pour les lecteurs qui lisent tout seuls.

DinosauRex

Anne-Marie Desplat-Duc / Ill. : Emmanuel Cerisier

Thèmes : Voyage dans le temps - Dinosaures

9782733859834

1. Le cyclone

9782733859841

2. Dans la forêt colombienne

9782733865316

3. Seule face au danger

9782733871492

4. Une étrange rencontre

9782733882610

5. Une mission périlleuse

Sidh, le génie du frigo

Erik & Frédéric L'Homme / Ill. : Régis Pénet

Thèmes : Humour - Fantastique - Famille

9782733877302

1. Sidh, le génie du frigo

Ma vie sur Mars

Sylvie Baussier & Pascale Perrier / Ill. : Antoine Brivet

Thèmes : Science-fiction - Aventure - Espace

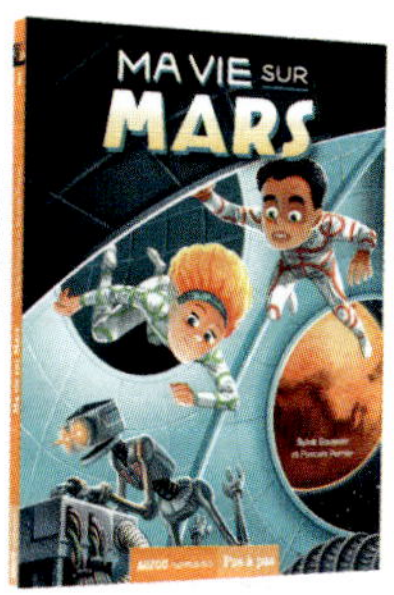

9782733877326

1. Ma vie sur Mars

NOUVEAU

9782733884201

2. Mission survie

Pas à pas

dès 7 ans | 140 x 185 mm • 64 pages | 5,95 €

Pour les lecteurs qui lisent tout seuls.

Les p'tites créatrices

Mathilde Paris / Ill. : Shiilia

Thèmes : Mode - Aventure

9782733837009

Coffret Les p'tites créatrices

140 x 185 mm • Contient 3 romans : *Le défilé de Kate* ; *Le concours de Paola* ; *L'atelier de Juliette* • 192 pages

9782733827802

Le défilé de Kate

9782733827796

Le concours de Paola

9782733833018

Le spectacle d'Akiko

9782733833025

Le reportage de Mariam

9782733833032

L'atelier de Juliette

9782733841587

Le défi de Yoli

9782733843895

Le talent de Zoé

9782733850930

La victoire d'Hanna

9782733862438

Un trio de choc

Pas à pas

dès 7 ans | 140 x 185 mm • 64 pages | 5,95 €

Pour les lecteurs qui lisent tout seuls.

Sarah danse

Natacha Godeau / Ill. : Ariane Delrieu / **Thèmes : Amitié - Danse**

NOUVEAU

9782733885925

Coffret Sarah Danse : Le ballet de l'amitié

Coffret: 220 x 195 mm• 192 pages
• Contenu : deux bijoux à confectionner, un livret explicatif et le volume 11 de la série • **16,50 €**

9782733834695

1. Premiers pas sur scène

9782733834701

2. Le grand concours

9782733839577

3. Bienvenue à l'opéra !

9782733844625

4. En tournée !

Pas à pas

dès 7 ans | 140 x 185 mm • 64 pages | 5,95 €

Pour les lecteurs qui lisent tout seuls.

Sarah danse

Natacha Godeau / Ill. : Ariane Delrieu / **Thèmes : Amitié - Danse**

5. La comédie musicale

6. Le nouvel élève

7. Un duo inoubliable

8. Le défi de hip-hop

9. Stars de Bollywood

10. Valse sur glace

Pas à pas

dès 7 ans | 140 x 185 mm • 64 pages | 5,95 €

Pour les lecteurs qui lisent tout seuls.

Les écoles du bout du monde

Didier Dufresne / **Thèmes : Découverte du monde - Amitié - École**

9782733824290

Les matelots de la rivière Caï
Ill. : Caroline Piochon
Pays : Vietnam

9782733830772

Le fantôme de Brighton
Ill. : Caroline Piochon
Pays : Angleterre

9782733800553

Le trésor de Kolgrogogo
Ill. : Caroline Piochon
Pays : Burkina-Faso

9782733851043

Les inséparables de Beyrouth
Ill. : Caroline Piochon
Pays : Liban

9782733863114

Les porte-bonheur de Sidi Addi
Ill. : Sonya Abbi Soekarno
Pays : Maroc

9782733869864

Les disparues d'Ambohimanga
Ill. : Marina Pessarrodona
Pays : Madagascar

9782733874271

Les enquêteurs de Vercorin
Ill. : Marina Pessarrodona
Pays : Suisse

Pas à pas

dès 7 ans | 140 x 185 mm • 64 pages | 5,95 €

Pour les lecteurs qui lisent tout seuls.

Mission animaux

Mathilde Paris / Ill. : Bastien Quignon / **Thèmes : Animaux - Humour - Aventure**

1. S.O.S. Éléphants en détresse

9 782733 869888

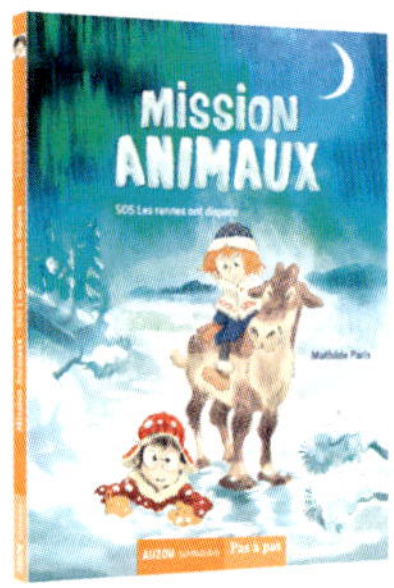

2. S.O.S. Les rennes ont disparu

9 782733 877319

NOUVEAU

9 782733 882634

3. S.O.S. Bébés pandas

Max et Maestro

dès 9 ans

Michel Leydier / **Thèmes : Musique - Humour**

1. L'oreille supersonique

9 782733 864760

2. Petit secret et grande valse

9 782733 864777

3. Que l'intensité soit avec toi !

9 782733 866566

Mon journal de musique

353 x 226 mm • 96 pages • **8,90 €**

9 782733 864784

Pas de géant

dès 9 ans | 140 x 185 mm • 96 pages | 5,95 €

Pour les lecteurs qui dévorent !

Sophie Laroche

Nom : Laroche

Prénom : Sophie

Situation familiale : mariée (et très amoureuse, même s'il n'a pas lu tous mes livres) et mère de trois enfants (source inépuisable d'inspiration). Ah, n'oublions pas non plus un chat et un chien.

Signes particuliers : aime les peluches et le chocolat. A la même meilleure amie depuis la sixième.

Quelque chose à déclarer : a encore du mal à croire que ce sont bien mes livres que l'on croise au hasard des librairies !

Carine Hinder

Nom : Hinder

Prénom : Carine

Situation familiale : Capitaine d'un navire de 3 pirates, et maman d'un petit trésor.

Signes particuliers : le sourire comme étendard et la bonne humeur vissée au corps... et des couleurs pour faire vibrer la vie !!!

Quelque chose à déclarer : a encore du mal à croire que ce sont bien mes livres que l'on croise au hasard des librairies ! (bis)

Les enquêtes d'Anatole Bristol

Sophie Laroche / Ill. : Carine Hinder / **Thèmes : Enquête - Amitié**

9782733821657

1. Le gang des farceurs

9782733822463

2. Mystères et Visages pâles

9782733827758

3. Voler n'est pas jouer

9782733833070

4. Marabout et bouts de mystère

Pas de géant

dès 9 ans | 140 x 185 mm • 96 pages | 5,95 €

Pour les lecteurs qui dévorent !

Les enquêtes d'Anatole Bristol

Sophie Laroche / Ill. : Carine Hinder / **Thèmes : Enquête - Amitié**

9782733838099

5. Anatole contre Arsène Lapin

9782733841983

6. 6, impasse des Mystères

9782733845783

7. Les super pouvoirs d'Anatole

9782733851067

8. Carton rouge pour Luca !

Les PEP Lorraine La solidarité en action

9782733860953

9. Mission collège !

9782733869895

10. Pas de vacances pour Anatole !

9782733877340

11. Anatole contre la rumeur

9782733851135

Le guide d'Anatole Bristol pour devenir un super détective

210 x 148 mm • 136 pages
• 30 stickers repositionnables
• 3 enquêtes inédites • Jeux
• Conseils • **12,95 €**

Pas de géant

dès 9 ans | 140 x 185 mm • 96 pages | 5,95 €

Pour les lecteurs qui dévorent !

Anna & Hannah

Anouk Filippini / Ill. : Johan Papin / **Thèmes : Voyage - Enquête - Humour**

9782733871416

1. Enquêtes à l'italienne

9782733874288

2. Course-poursuite à New York

NOUVEAU

9782733879498

3. Mystère à Amsterdam

Deux sœurs au collège

Paul Beaupère / Ill. : Marygribouille

Thèmes : Famille - Humour

9782733861790

1. Plus un mot !

9782733868676

2. Une semaine en enfer

9782733872109

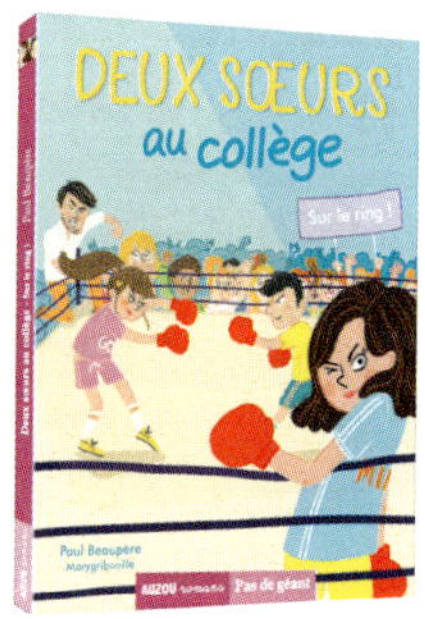

3. Sur le ring !

Pas de géant

dès 9 ans

140 x 185 mm • 96 pages

5,95 €

Pour les lecteurs qui dévorent !

Les enquêteurs de l'Antiquité

Alain Surget / Ill. : Audrey Bussi / **Thèmes : Enquête - Antiquité**

9 782733 856154

1. Le cobra d'or

9 782733 861011

2. Les rebelles d'Athènes

9 782733 864661

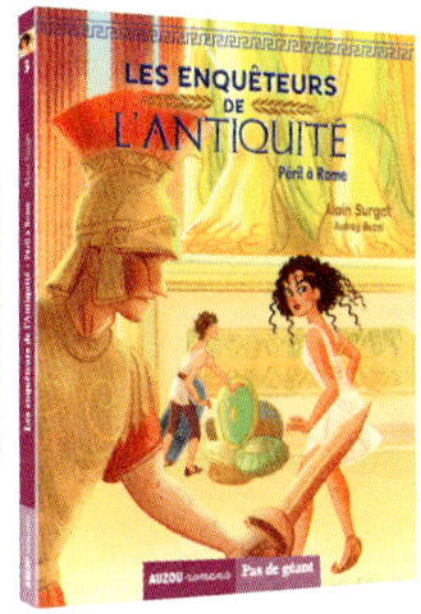

3. Péril à Rome

Le passeur de fantômes

Alain Grousset & Johan Heliot / Ill. : Manuel Šumberac

Thèmes : Fantastique - Enquête - Fantômes

9 782733 868706

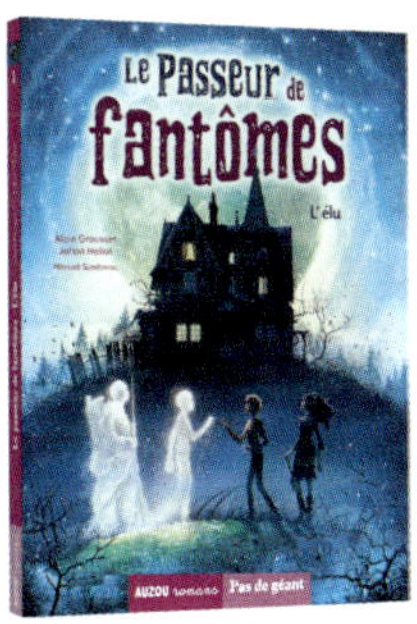

1. L'élu

9 782733 872116

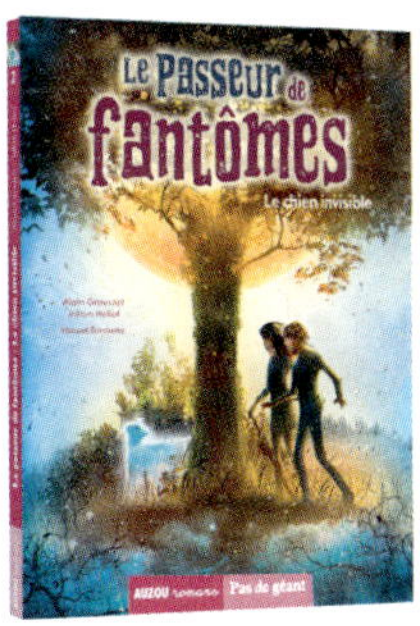

2. Le chien invisible

9 782733 877333

3. Le château hanté

NOUVEAU

9 782733 885949

4. Au cœur des secrets

Pas de géant

dès 9 ans | 140 x 185 mm • 96 pages | 5,95 €

Pour les lecteurs qui dévorent !

Le jour où...

Séverine Vidal / Ill. : Vincent Sorel

Thèmes : Aventure - Famille - Humour

9782733841976

1. ... j'ai trouvé un trésor

9782733850978

2. ... je suis devenu détective

9782733859513

3. ... j'ai sauvé un fantôme

9782733868508

4. ... je suis devenu une star au Japon

Esther et Colin

Claire Bertholet / Ill. : Lucile Thibaudier

Thèmes : Chevaux - Mystère - Amitié

1. L'échange

9782733826829

2. Peur sur le ranch !

9782733833063

3. La mystérieuse expédition

9782733839584

4. Sur la piste de Renard-de-Feu

9782733848371

5. L'énigme de la Grande Course

9782733851074

Pas de géant

dès 9 ans | 140 x 185 mm • 96 pages | 5,95 €

Pour les lecteurs qui dévorent !

9782733879412

Une bouteille à la mer
Orianne Lallemand / Ill. : Nans Grall
Thème : Générations - Amitié

9782733824306

Pardon Simon
Agnès de Lestrade / Ill. : Ariane Delrieu
Thème : Seconde Guerre mondiale

9782733866955

Magda
Guillaume Nail / Ill. : Terkel Risbjerg
Thèmes : Différence - Amitié

Lilou

Yaël Hassan / Ill. : Terkel Risbjerg
Thèmes : Handicap - Amitié - Humour

9782733872123

1. Ma vie comme sur des roulettes

9782733877357

2. Lilou fait son cinéma

Deviens le héros

140 x 185 mm | 6,50 € | dès 9 ans

Des livres immersifs dont vous êtes le héros !

NOUVEAU

9782733884584

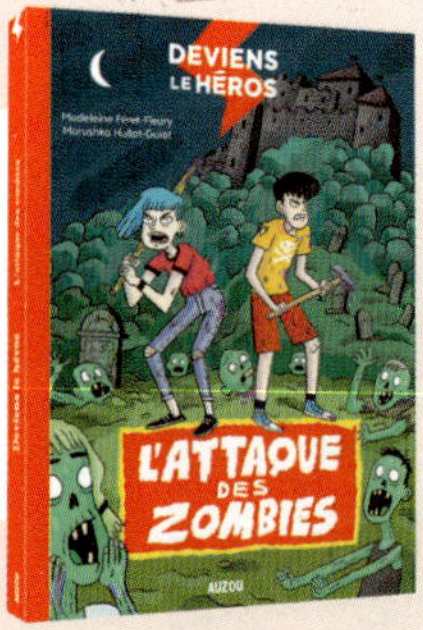

L'attaque des zombies
Madeleine Féret-Fleury & Marushka Hullot-Guiot / Ill. : Claudia Petrazzi
160 pages

9782733869901

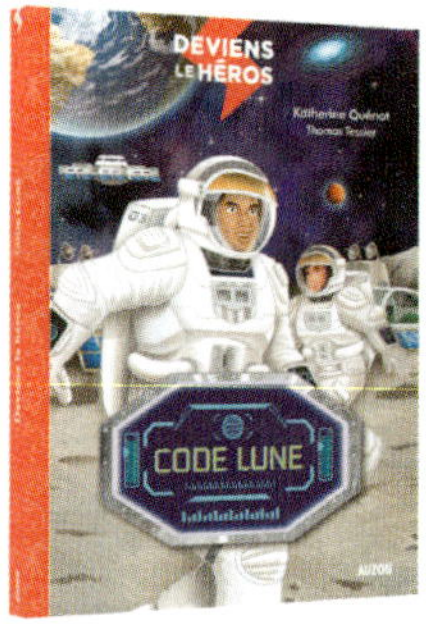

Code Lune
Katherine Quénot / Ill. : Thomas Tessier
144 pages

9782733866061

Le défi du silex
Katherine Quénot / Ill. : Thomas Tessier
• 144 pages

9782733862728

Au temps des châteaux forts
Katherine Quénot / Ill. : Nicolas Rix
144 pages

9782733862629

Le défi des dieux
Katherine Quénot / Ill. : Nicolas Rix
144 pages

9782733861035

Au temps des pharaons
Katherine Quénot / Ill. : Nicolas Rix
144 pages

La saga des dragons

dès 7 ans

9782733859544

L'enfant-dragon - Allié ou ennemi
Éric Sanvoisin / Ill. : Jérémie Fleury
96 pages

Les enquêtes d'Anatole Bristol

9782733860960

Fantôme, mensonges et riz au lait
Sophie Laroche / Ill. : Carine Hinder
144 pages

Grand format

Pour les plus grands lecteurs.

Tom O'Clock, le détective du temps

140 x 195 mm • 128 pages | 7,95 € | dès 9 ans

Sir Steve Stevenson

Quand les détectives du Temps retournent dans le passé pour rétablir le cours de l'Histoire.

1. Le prisonnier de la Bastille

2. Le fantôme de Pompéï

3. Le papyrus volé

4. Le tournoi maudit

Grand format

140 x 195 mm

Pour les plus grands lecteurs.

Quand Maëlle découvre que sa vie n'est que mensonges, elle se demande : qui sont les vrais mythos ?

Mytho !
Pascal Brissy & Yaël Hassan
150 x 210 mm • 208 pages
• **12,95 €**

L'Hôtel Rouge

dès 10 ans

Anouk Filippini

La famille de Nina vient d'emménager dans un vieil hôtel en Bretagne, mais il s'y déroule des choses étranges…

1. Le squelette de l'Hôtel Rouge
208 pages • **7,95 €**

le Prix des Embouquineurs

2. Peur bleue à l'Hôtel Rouge
215 pages • **12,95 €**

Ma vie mouvementée par Plume

dès 11 ans

Mathilde Paris

Plume, 13 ans et demi, tient un journal, fait de la cuisine, tombe amoureuse…

1. Comment j'ai survécu à des vacances vraiment pourries
250 pages • **11,95 €**

Prix Imagin'à lire Junior 2018

2. Quand le destin s'en mêle
360 pages
• **12,95 €**

Grand format

140 x 195 mm

Pour les plus grands lecteurs.

Team Gamerz

160 pages | 10,95 € | dès 10 ans

Pascal Brissy

Quel que soit le jeu, la Team Gladiators gagne à tous les coups !

9782733878477

1. Fortnite, mode royal !

NOUVEAU

9782733882665

2. Minecraft : chasse au trésor !

Moi, Arthur, maître du royaume perdu

12,95 € | dès 10 ans

Jenny McLachlan

Et si le monde imaginaire inventé par Rose et Arthur était réel ?

9782733872130

1. Moi, Arthur, maître du royaume perdu

352 pages

NOUVEAU

9782733882672

2. Retour à Groaar

400 pages

Grand format

dès 11 ans | 150 x 210 mm | 12,95 €

Pour les plus grands lecteurs.

Un road-movie teinté de fantastique, porté par un jeune garçon, une vieille dame et un petit chien !

Un chemin semé d'étoiles

Moira Young
296 pages

Un héros à la queue de renard se retrouve propulsé dans un monde peuplé d'animaux guerriers.

Les aventures de Balthazar Fox - Tomes 1, 2 et 3

Pascal Brissy
464 pages • **14,95 €**

Un recueil de nouvelles autour du thème de la forêt écrites par des auteurs de renom.

Anthologie - Au cœur de la forêt

Up2green Reforestation

Collectif
140 x 195 mm • 160 pages

La guerre des Hommes contre les Dragons commence ici.

PREQUEL DE LA SAGA DES DRAGONS

L'homme-dragon

Éric Sanvoisin
140 x 195 mm • 176 pages

Quand Mila rencontre Plume, elle ne sait pas qu'elle a fait la rencontre de sa vie !

dès 9 ans

Mila et le chat mystérieux

Marie Leymarie
162 pages • **12,95 €**

Deux adolescents que tout oppose se rencontrent...

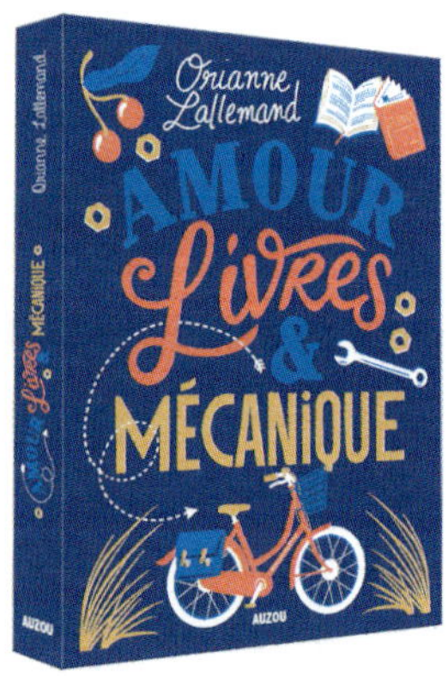

Amour, livres & mécanique

Orianne Lallemand
264 pages

Grand format

dès 11 ans

12,95 €

Pour les plus grands lecteurs.

Aurora

140 x 195 mm • 424 pages

Vashti Hardy

Embarquez avec Arthur et Maudie à bord du navire volant l'*Aurora* !

1. Aurora, l'expédition fantastique

NOUVEAU

2. La légende de l'Oiseau de Feu

L'Agence Kat Wolfe

150 x 210 mm

Lauren St John

Un mystère et des animaux en détresse ?
Appelez l'Agence Kat Wolfe !

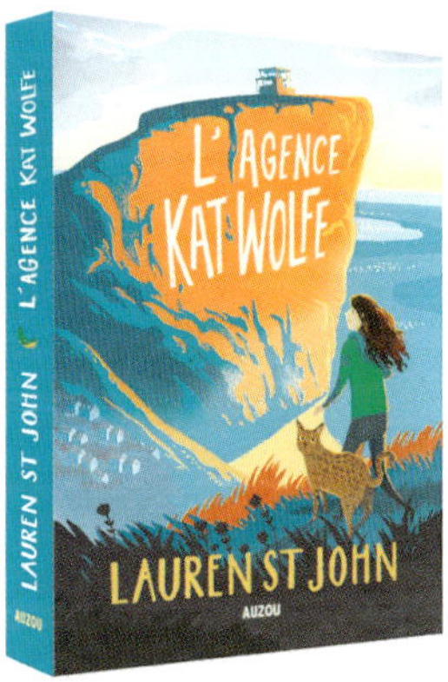

1. L'agence Kat Wolfe

384 pages

2. Le secret du dragon

384 pages

Les Pierres de dragon

140 x 195 mm

Arthur Ténor

Une série fantastique où des ados découvrent
leur vraie nature de dragons.

1. La métamorphose

160 pages

Grand format

dès 11 ans | 140 x 195 mm | 12,95 €

Pour les plus grands lecteurs.

Les secrets de l'Olympe

216 pages

Claude Merle

Une série d'enquêtes et d'aventures au cœur de la mythologie grecque !

1. Le sang de Méduse

2. Le sommeil des immortels

3. La malédiction des Hespérides

4. Prométhée, le voleur de feu

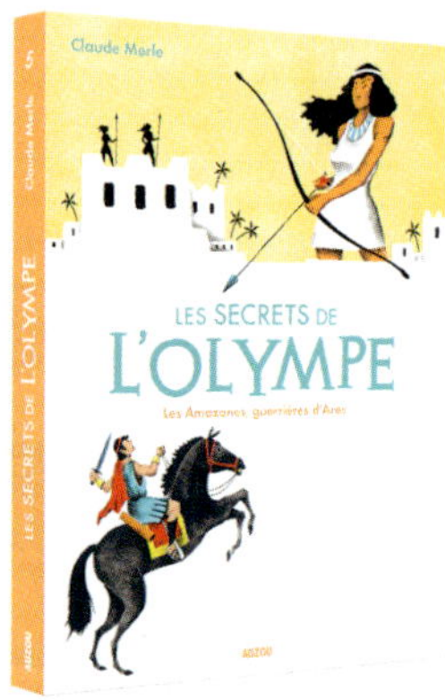

5. Les Amazones, guerrières d'Arès

Grand format

dès 11 ans | 150 x 210 mm | 12,95 €

Pour les plus grands lecteurs.

L'épopée de Sem

Une saga épique dans laquelle Sem, du clan des oreilles coupées, fait face à son destin.

1. Le rite
Yann Rambaud
400 pages

Circus Mirandus

Circus Mirandus : il faut y croire pour le voir !

1. Circus Mirandus
Cassie Beasley
368 pages • **14,50 €**

2. La Femme oiseau
Cassie Beasley
360 pages • **14,95 €**

Des nuits et des jours

140 x 195 mm

Lisa Lueddecke

Sur une île glaciale, deux jeunes filles, à dix-sept ans d'écart, affrontent leur destin.

Des nuits de sang et d'étoiles
512 pages

Des jours de feu et de neige
• 384 pages

Grand format

dès 13 ans | 150 x 210 mm | 12,95 €

Pour les plus grands lecteurs.

Dans un futur proche, les espoirs et déboires de cinq étudiants en robotique.

9782733866931

Le labo des sentiments
Aurélie Gerlach
436 pages

Un thriller poétique et puissant dans la lignée de *13 reasons why* et *Qui ment ?*

9782733879504

The Truth - Veux-tu savoir la vérité ?
Savannah Brown
384 pages
• **14,95 €**

Un roman choral noir par un maître de la littérature jeunesse.

9782733882559

Par une nuit écarlate
Hubert Ben Kemoun
184 pages

Deux frères que tout oppose entament une correspondance…

9782733881446

dès 11 ans

Juste un mot
Frédéric Vinclère
140 x 195 mm • 152 pages

Une histoire d'amour puissante sous le soleil romain.

9782733879368

L'Éternité, Livie, l'éternité
Michel Quint
128 pages

Grand format

dès 11 ans | 150 x 210 mm | 12,95 €

Pour les plus grands lecteurs.

Dans un monde qui a renié son Histoire, la jeune So doit s'en rappeler pour les sauver tous.

9 782733 877463

2105, mémoire interdite
Anouk Filippini
420 pages
• **14,95 €**

Embarquez pour de folles aventures en compagnie de pirates et de terrifiantes créatures.

9 782733 866825

La malédiction des serpents de mer
Sigrid Renaud
360 pages

Sorcellerie et périls hantent ces pages. Suivez Twister si vous l'osez...

9 782733 862445

Twister
Juliette Forrest
140 x 195 mm • 344 pages

Entre le faste de la Renaissance et l'Europe d'aujourd'hui, une plongée fascinante dans les coulisses d'un célèbre tableau.

9 782733 871690

La dernière énigme de Léonard de Vinci
Christine Féret-Fleury
336 pages

Cherche et trouve géant

dès 5 ans | 322 x 466 mm • 10 doubles-pages • tout-carton | 22,95 €

Des Cherche et trouve au format géant pour s'amuser pendant des heures !
Avec 50 éléments, dont 10 personnages récurrents, à retrouver à chaque page.

NOUVEAU

Au spectacle !
Julie Mercier / Benjamin Bécue / Paku

En plein imaginaire !
Benjamin Bécue / Prisca Le Tandé / Gabriele Tafuni / Julie Mercier

Les villes du monde
Julie Mercier / Benjamin Bécue / Paku / Gabriele Tafuni / Chiara Nocentini

Cherche et trouve géant

dès 5 ans | 322 x 466 mm • 10 doubles-pages • tout-carton | 22,95 €

Des Cherche et trouve au format géant pour s'amuser pendant des heures !
Avec 50 éléments, dont 10 personnages récurrents, à retrouver à chaque page.

9782733852743

Les animaux du monde
Julie Mercier / Benjamin Bécue / Paku / Prisca Le Tandé

9782733821862

Cherche et trouve géant
Benjamin Bécue / Annabelle Mège / Didier Balicevic

9782733837061

Au pays des contes
Benjamin Bécue / Tiago Americo / Paku

9782733844229

À tous les étages !
Julie Mercier / Benjamin Bécue / Tiago Americo / Paku

9782733825877

Dans le temps
Benjamin Bécue / Paku / Gérald Guerlais / Jean-Sébastien Deheeger

9782733829035

Autour du monde
Benjamin Bécue / Tiago Americo / Paku

Cherche et trouve géant

dès 5 ans | 322 x 466 mm • 10 doubles-pages • tout-carton | 22,95 €

Des Cherche et trouve au format géant pour s'amuser pendant des heures !
Avec 50 éléments, dont 10 personnages récurrents, à retrouver à chaque page.

NOUVEAU

dès 3 ans

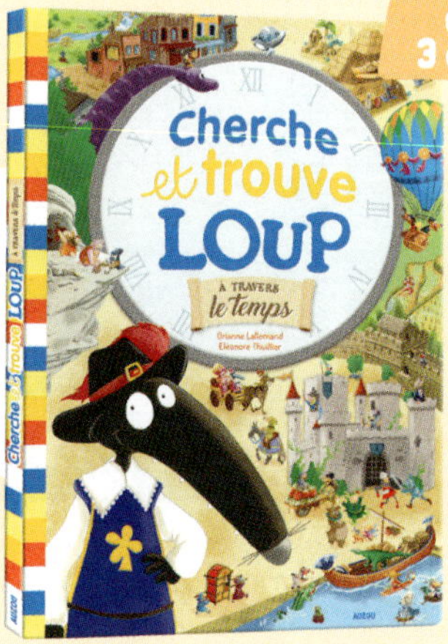

Cherche et trouve Loup à travers le temps
Orianne Lallemand / Éléonore Thuillier

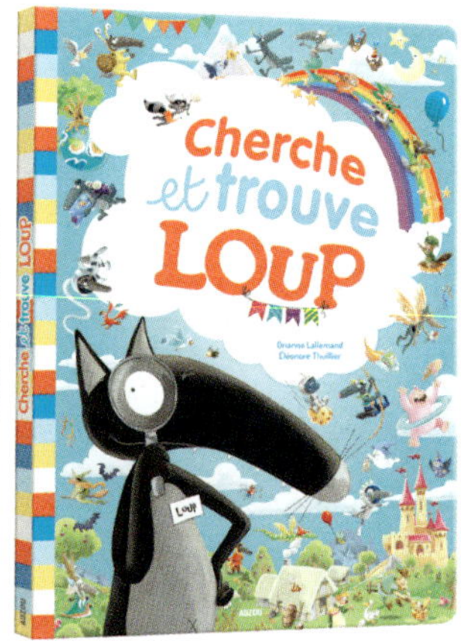

Loup
Orianne Lallemand / Éléonore Thuillier

Mon album Cherche et trouve

dès 6 ans | 260 x 370 mm • 9 doubles-pages | 12,95 €

L'aventure attend les jeunes explorateurs dans cet album-jeu très graphique, mêlant humour et science-fiction !

Gus et Lina, explorateurs de l'espace
Marc-Étienne Peintre

Cherche et trouve au Royaume Dubazar

dès 3 ans | 260 x 370 mm • 8 doubles-pages • Tout carton silhouetté | 14,95 €

Des Cherche et trouve avec de nombreux éléments à retrouver sur chaque double-page, classés par ordre de difficulté.

NOUVEAU

9782733883693

Le Royaume Dubazar
Benjamin Bécue

9782733862605

Le château du prince Dufouillis
Benjamin Bécue

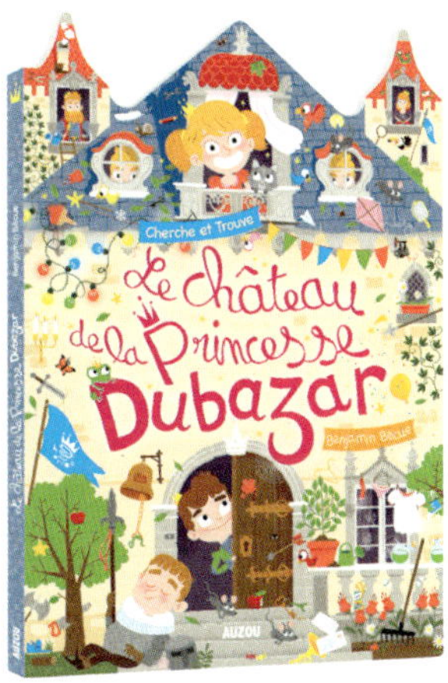

9782733843840

Le château de la princesse Dubazar
Benjamin Bécue

9782733872215

Le manoir du duc Capharnaüm
Benjamin Bécue

Ma pochette de jeux

dès 6 ans

170 x 220 mm • 1 feutre effaçable • 20 cartes plastifiées

prix conseillé 5,95 €

Une collection de jeux variés et amusants sur des cartes plastifiées accompagnées d'un feutre effaçable.

NOUVEAU

20 p'tits jeux pour les petits
Marta Sorte

20 p'tits jeux - Les enquêtes de Walter
Fabienne Blanchut / Coralie Vallageas

dès 3 ans

20 p'tits jeux pour les petits aventuriers
Pintachan

unicef pour chaque enfant

20 p'tits jeux autour du monde
Loulou et Tummie

20 p'tits jeux de Pâques
Pintachan

20 p'tits jeux chez les animaux
Loulou et Tummie

20 p'tits jeux sous les mers
Loulou et Tummie

20 labyrinthes au cœur de la jungle
Loulou et Tummie

Bloc-notes

dès 3 ans | 235 x 205 mm • 25 feuilles plastifiées • feutre effaçable | 9,95 €

Une collection de bloc-notes originale et astucieuse avec des pages plastifiées, un feutre effaçable et des solutions en regard de chaque jeu.

Collectif

Cherche et trouve

9782733883785

... les monuments du monde !

... tout et partout !

9782733828908

... les formes

9782733852439

... à faire et à refaire

9782733834084

33 jeux

9782733858110

... au pays des aventuriers

... au pays des chevaux

9782733858103

... au pays des princesses

9782733848647

25 enquêtes

... dans les contes

9782733861370

... à faire et à refaire !

9782733848661

7 différences

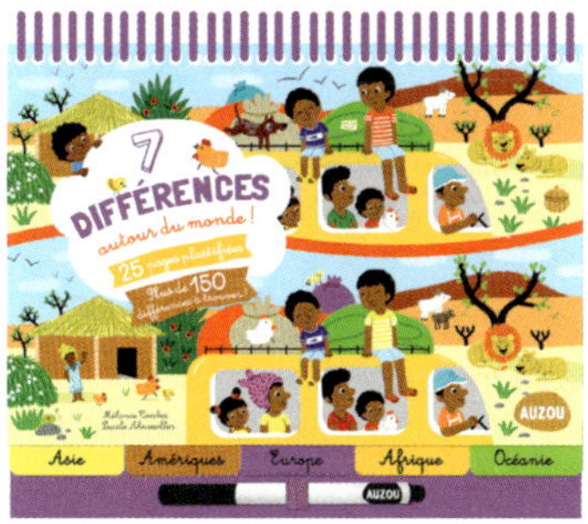

... autour du monde !

9782733834282

... chez les animaux !

9782733848654

48 labyrinthes

... dans les contes !

9782733841426

45 jeux

dès 5 ans | 120 x 205 mm • 26 feuilles plastifiées • feutre effaçable | 5,95 €

Une collection de livre-jeux dans un petit format pratique pour s'amuser partout et tout le temps !

Collectif

9782733883792

... dans les transports !

9782733883808

... en voiture !

9782733837207

... à l'école !

9782733875230

... à Noël !

9782733849637

... chez les animaux !

... pour avoir peur !

9782733844779

... dans le froid !

9782733840009

... en avion !

9782733841440

... en vacances !

9782733834244

... en attendant !

9782733834268

... en automne !

9782733852408

Mes tout premiers autocollants dès 3 ans

Des cahiers d'autocollants pour les petits, avec une histoire à animer.

Yi-Hsuan Wu

Mes 500 autocollants

200 x 260 mm • 1 cahier central détachable : 180 x 240 mm • 32 pages

7,95 €

NOUVEAU

9782733882771

Je m'habille

9782733887844

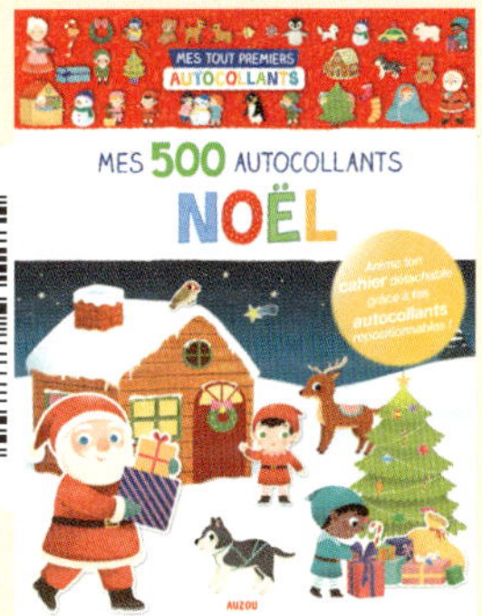

Noël

9782733880920

Pâques

9782733877241

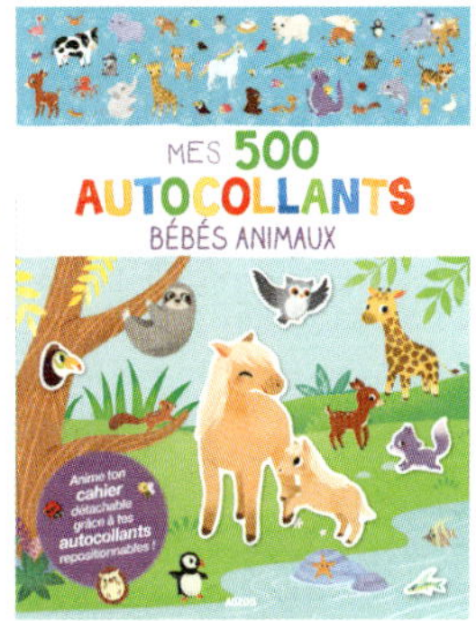

Bébés animaux

9782733881385

C'est les vacances !

unicef pour chaque enfant

9782733861172

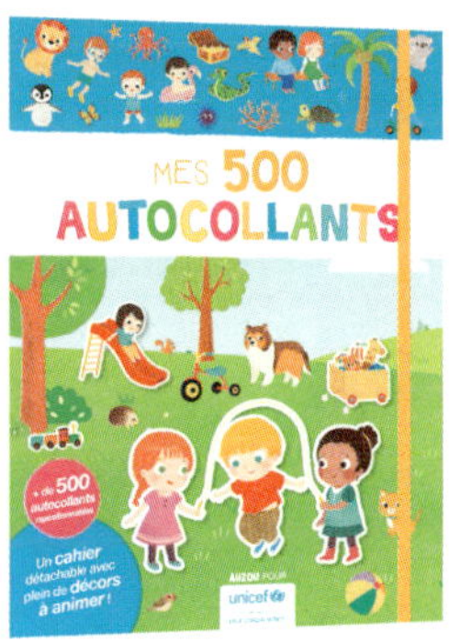

Mes 500 autocollants

unicef pour chaque enfant

9782733870273

Police et pompiers

9782733867273

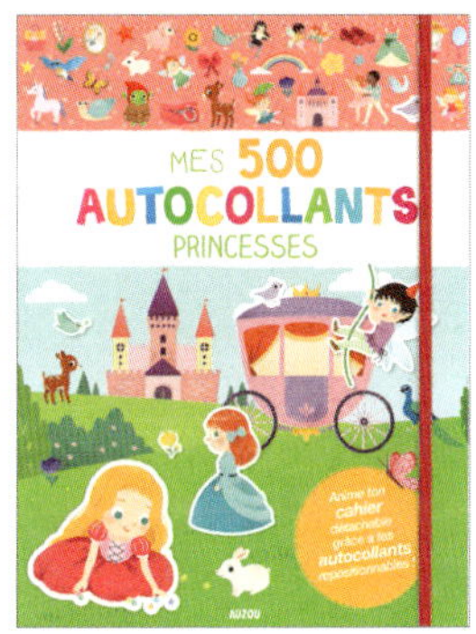

Princesses

Mes tout premiers autocollants

dès 3 ans

200 x 260 mm • 1 cahier central détachable : 180 x 240 mm • 12 pages offset • 12 pages de stickers

4,95 €

Des cahiers d'autocollants pour les petits, avec une histoire à animer.

Yi-Hsuan Wu

NOUVEAU

Les dinosaures

Chantier

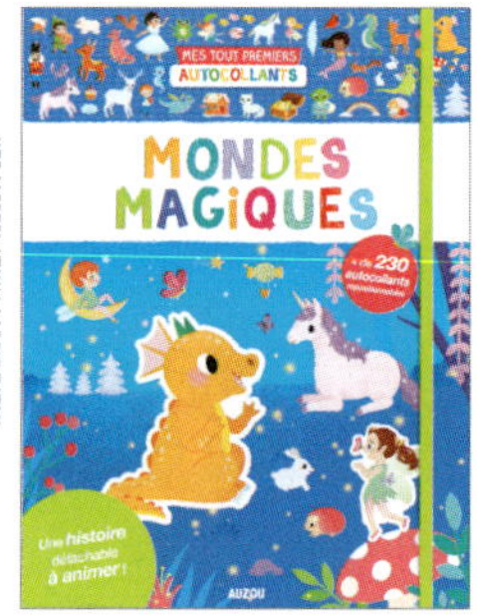

Mondes magiques

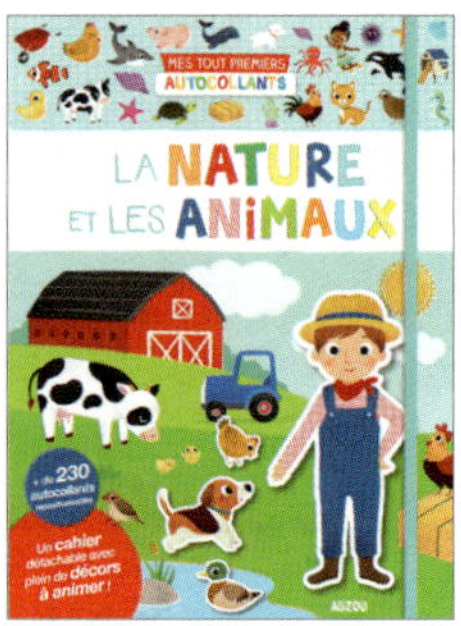

Nature et animaux

Princesses et fées

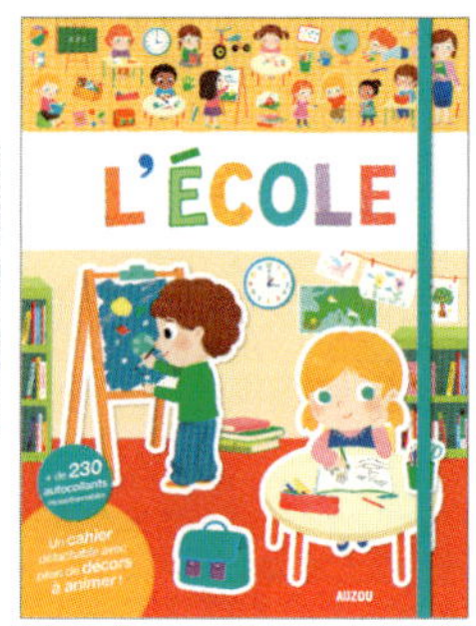

L'école

Les véhicules

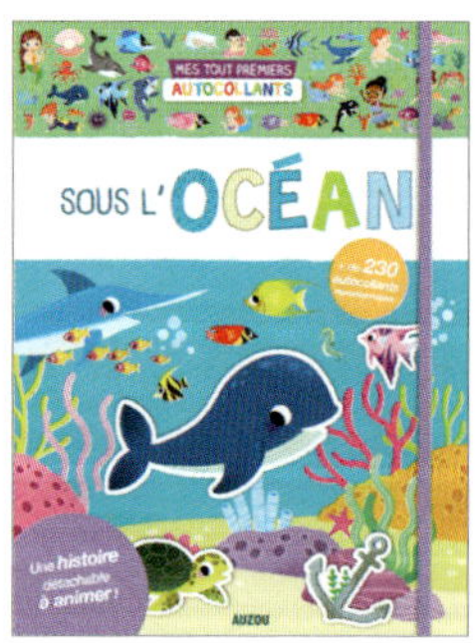

Sous l'océan

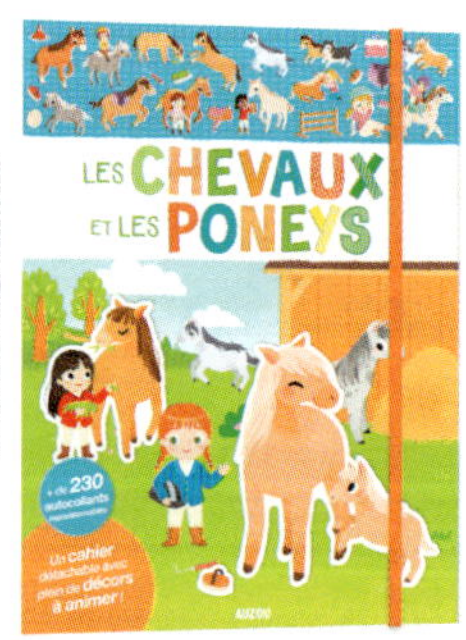

Les chevaux et les poneys

Mes tout premiers autocollants

dès 3 ans

200 x 260 mm • 1 cahier central détachable : 180 x 240 mm • 12 pages offset • 12 pages de stickers

4,95 €

Yi-Hsuan Wu

9782733865279

L'hiver

9782733848579

La ferme

9782733855850

À la maison

9782733847848

Autour du monde

9782733846414

Les pirates

9782733846407

Les ballerines et danseuses

9782733858431

Mes tout premiers autocollants mosaïques - Les animaux du monde

Fina Maldonado

9782733877029

Mes tout premiers autocollants formes - Les animaux

Nadia Taylor

dès 5 ans

9782733878071

Mes autocollants malins - Je découvre l'espace

Julien Milesi-Golinelli / Seans Sims

Ma pochette de gommettes

De jolies pochettes de grandes gommettes thématiques pour les plus jeunes.

50 grandes gommettes

dès 18 mois | 190 x 137,5 mm • 50 grandes gommettes | prix conseillé 4,95 €

NOUVEAU

9782733877036

50 grandes gommettes - Monstres rigolos
Sam Rennocks

9782733877043

50 grandes gommettes - Petits chiens et petits chats
Sejung Kim

9782733870716

50 grandes gommettes - Les légumes
Inga Wilmink

9782733866252

50 grandes gommettes - Les fruits
Inga Wilmink

9782733865637

45 grandes gommettes - Les lettres de l'alphabet en animaux
Charlène Bornard • **Prix de vente conseillé : 3,95 €**

100 gommettes

dès 3 ans | 190 x 137,5 mm • 100 gommettes | prix conseillé 4,95 €

De jolies pochettes de gommettes thématiques.

NOUVEAU

9782733884997

100 gommettes - Noël
Borghild Fallberg

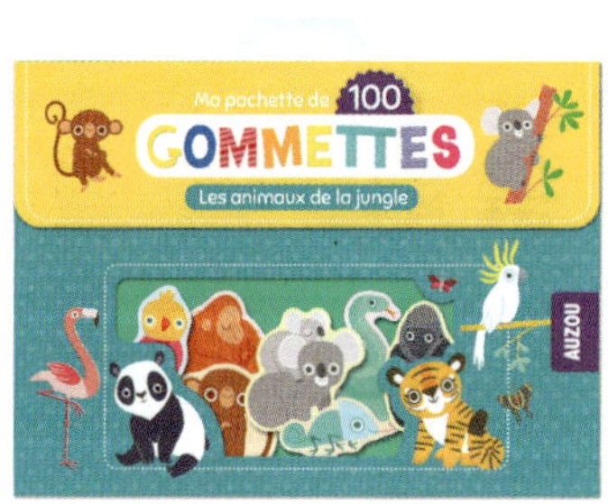

9782733879290

100 gommettes - Les animaux de la jungle
Amandine Notaert

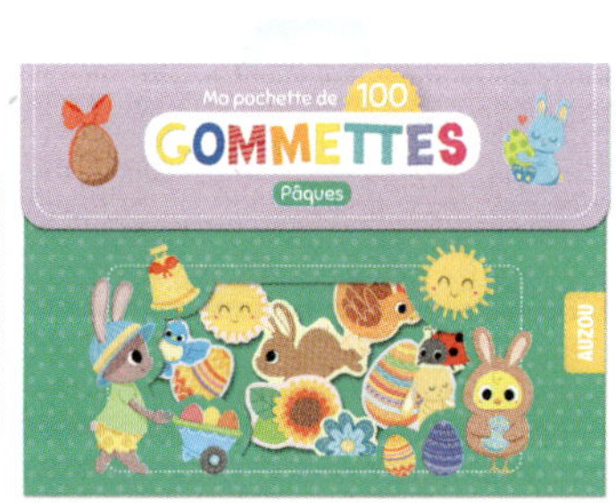

9782733879306

100 gommettes - Pâques
Laura Carrion

100 gommettes

dès 3 ans | 190 x 137,5 mm • 100 gommettes | prix conseillé 4,95 €

De jolies pochettes de gommettes thématiques.

9782733877227

100 gommettes - Les bébés animaux de la ferme
Zoe Waring

9782733870507

100 gommettes - Mes premières activités
Marta Sorte

9782733880401

100 gommettes - Anniversaire
Sandrine Monnier

9782733877234

100 gommettes - Autour du monde
Pamela Barbieri

unicef
pour chaque enfant

9782733872697

100 gommettes - Les contes
Lucile Ahrweiller

9782733866276

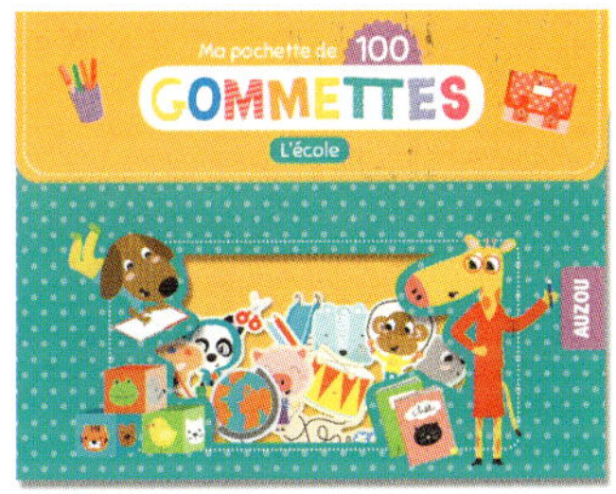

100 gommettes - L'école
Isabelle Chauvet

NOUVEAU

9782733888285

100 gommettes - P'tit Loup
Orianne Lallemand / Éléonore Thuillier

9782733871447

100 gommettes - Le chantier
Mr Iwi

9782733866269

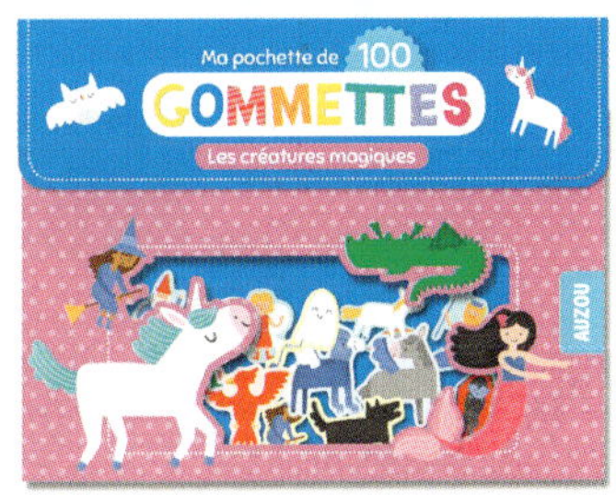

100 créatures fantastiques
Anne Passchier

100 gommettes

dès 3 ans | 190 x 137,5 mm • 100 gommettes | prix conseillé 3,95 €

De jolies pochettes de gommettes thématiques.

9782733865606

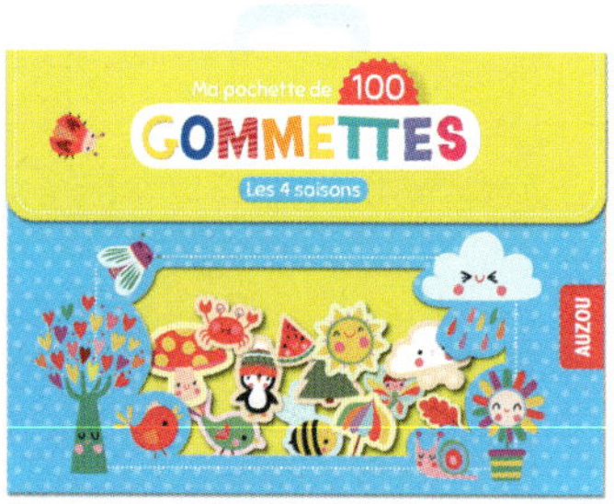

100 gommettes - Les 4 saisons
Inga Wilmink

9782733859216

100 animaux de la mer
Antoana Oreski

9782733859230

100 animaux de la montagne
Maria Neradova

9782733859254

100 animaux mignons
Lucia Wilkinson

9782733865613

100 robots
Louise Angelicas

9782733859315

100 animaux sauvages
Michelle Carlslund

9782733859278

100 fleurs
Sara Brezzi

100 gommettes

dès 3 ans | 190 x 137,5 mm • 100 gommettes | prix conseillé 3,95 €

De jolies pochettes de gommettes thématiques.

100 lettres et chiffres
Emilie Lapeyre

100 oiseaux
Fanny Giacomini

100 pirates
Yi-Hsuan Wu

100 pompiers et policiers
Stéphanie Bardy

100 poneys et les chevaux
Yi-Hsuan Wu

100 danseurs et danseuses
Isabelle Jacqué

100 autocollants des vacances
Camille Loiselet

Ma pochette de gommettes

De jolies pochettes de gommettes thématiques.

100 gommettes

dès 3 ans | 190 x 137,5 mm • 100 gommettes | prix conseillé 3,95 €

9782733846513

100 animaux de la ferme
Villie Karabatz

9782733841266

100 bébés animaux
Yu-Hsuan Huang

9782733846520

100 princes et princesses
Maria Neradova

9782733841273

100 formes et couleurs
Yu-Hsuan Huang

9782733852958

100 p'tites bêtes
Inga Wilmink

9782733859322

100 autocollants pour s'habiller
Céline Chevrel

9782733846537

100 dinosaures
Mr Iwi

9782733846544

100 transports
Jannie Ho

Mes autocollants malins

dès 3 ans

230 x 160 mm • 40 pages • autocollants repositionnables

7,50 €

Un concept original où les autocollants se retrouvent au cœur du jeu !

Autour du monde

Laurène Paumier / Prisca Le Tandé

9 782733 866078

Les contes

Laurène Paumier / Genie Espinosa

9 782733 867303

Formes et couleurs

Laurène Paumier / Aurélie Lapeyre

9 782733 867297

L'école

Laurène Paumier / Adrien Siroy

9 782733 862582

Les animaux

Laurène Paumier / Sonia Baretti

9 782733 857694

La ferme

Laurène Paumier / Maria Nevadova

9 782733 857700

Les saisons

Laurène Paumier / Manola Caprini

9 782733 857717

Mon petit coffret aimanté

dès 3 ans

220 x 170 mm • 2 tableaux magnétiques • 40 aimants

prix conseillé 14,95 €

Des coffrets qui invitent l'enfant à recomposer différentes scènes sur les tableaux aimantés pour développer la motricité fine et le langage.

NOUVEAU

9782733881668

Je m'habille
Anne Passchier

9782733883983

Ma journée
Sophie Lhomelet-Chapelliere / Marta Sorte

Ma première pochette d'aimants

dès 3 ans

160 x 210 mm • Plus de 30 aimants • 1 poster : 600 x 400 mm • 1 accroche pour broche

prix conseillé 7,95 €

Une collection de pochettes pratiques et complètes pour s'amuser autour de ses thèmes préférés.

NOUVEAU

9782733881491

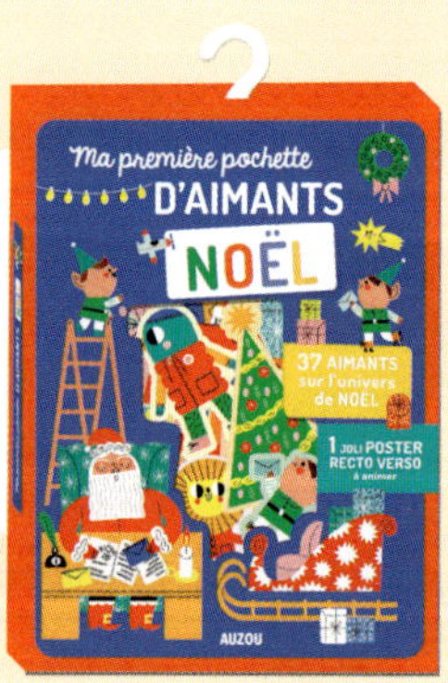

Noël
Bellon Teresa

9782733883990

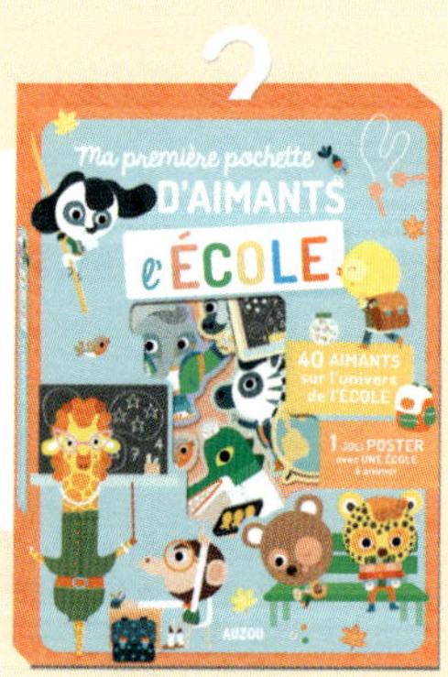

L'école
Julie Mercier

9782733871393

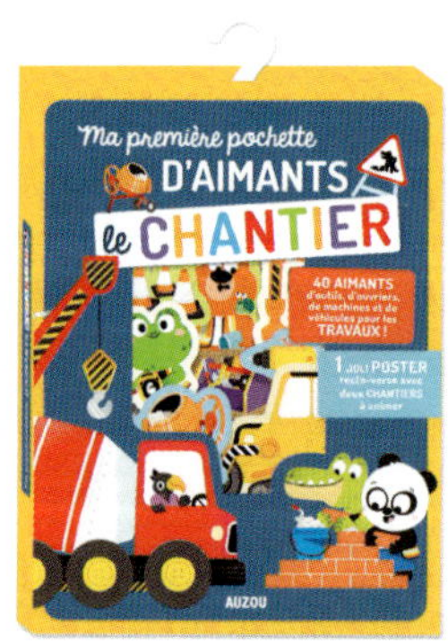

Chantier
Carlo Beranek

9782733872734

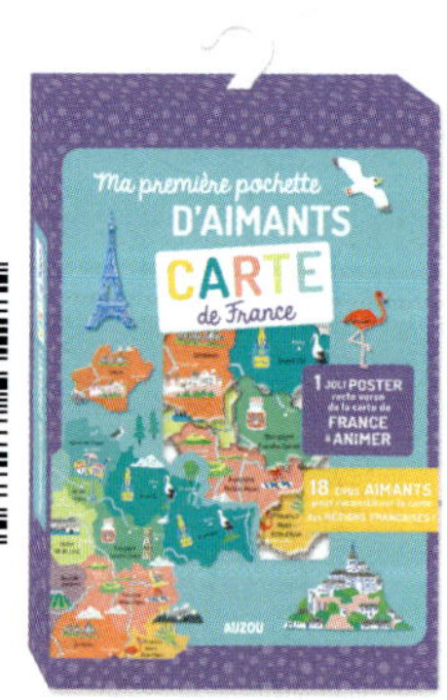

Carte de France
Hui Skipp

Ma première pochette d'aimants

dès 3 ans

160 x 210 mm • Plus de 30 aimants • 1 poster : 600 x 400 mm • 1 accroche pour broche

prix conseillé 7,50 €

Une collection de pochettes pratiques et complètes pour s'amuser autour de ses thèmes préférés.

Bébés animaux

Marta Sorte

• **Prix de vente conseillé : 7,95 €**

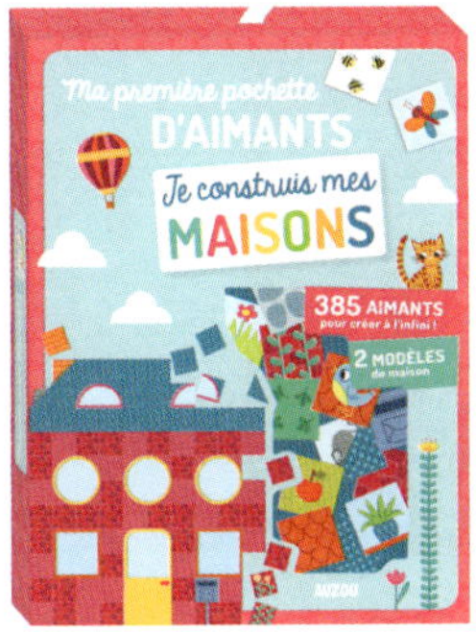

Je construis mes maisons

Amandine Notaert

Dinosaures

Peskimo

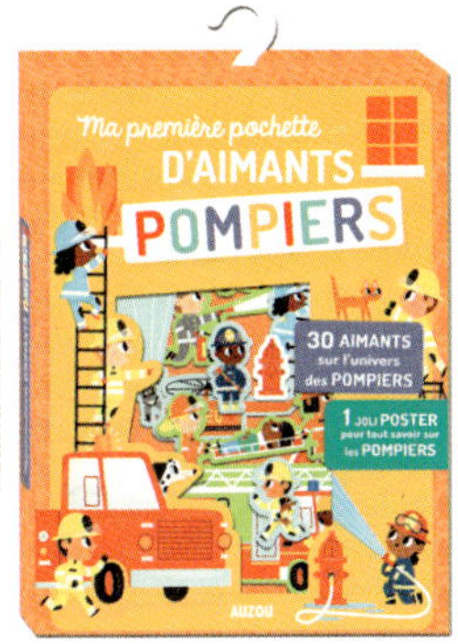

Pompiers

Allison Black

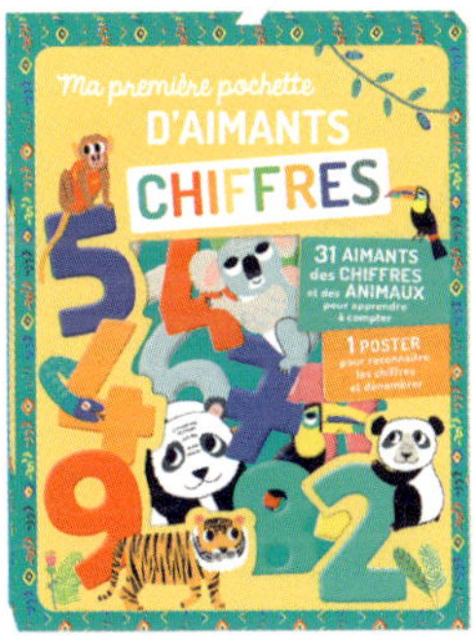

Chiffres

Emilie Lapeyre

Animaux de la ferme

Chiara Nocentini

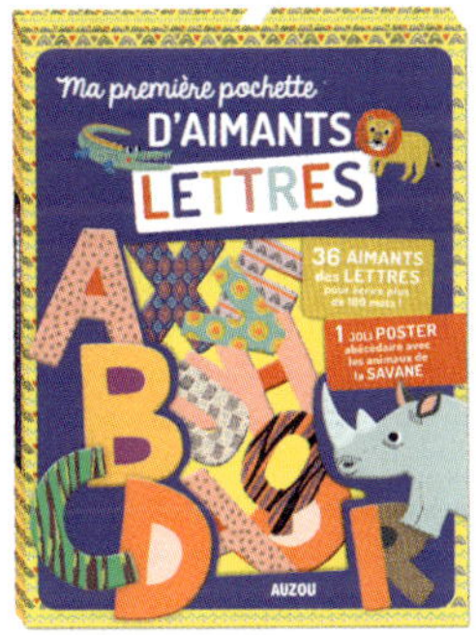

Lettres

Emilie Lapeyre

Calendrier de la semaine

Steffie Brocoli

Corps humain

Lydia Sanchez

Mots rigolos

Collectif

dès 5 ans

Les fruits et légumes de saison

Mylène Rigaudie

dès 5 ans

Mes messages d'amour

Sandrine Monnier

• **Prix de vente conseillé : 9,95 €**

dès 5 ans

Mes premiers coloriages

dès 1 an | 210 x 210 mm • 24 pages • vernis pailleté | 3,99 €

Une collection pour apprendre à colorier sans dépasser grâce au vernis pailleté !

Tiago Americo

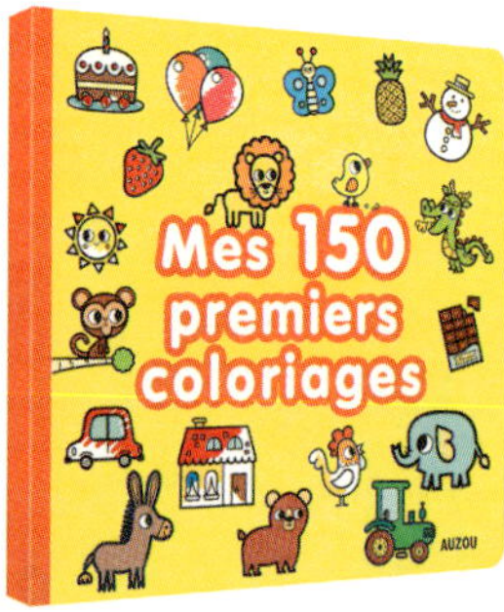

9782733858158

Mes 150 premiers coloriages
• 5,95 €

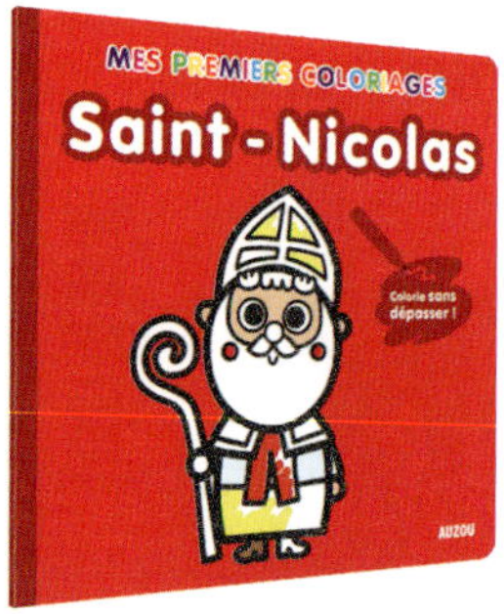

9782733863978

Saint-Nicolas

9782733848685

Anniversaire

9782733846940

Hiver

9782733848678

Maison

9782733844007

Noël

9782733840818

Princesses

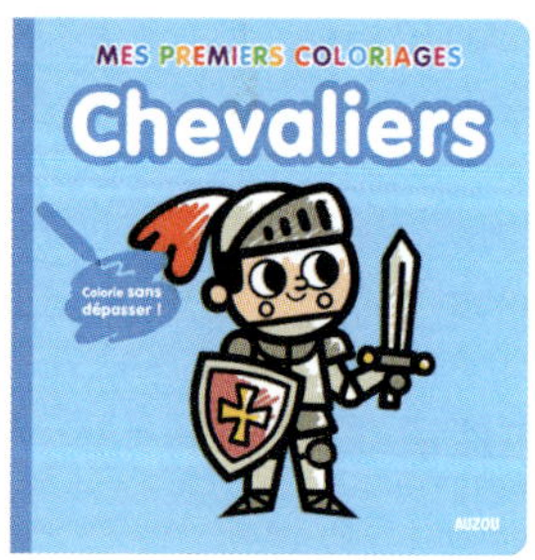

9782733840825

Chevaliers

Animaux

9782733834190

Ferme

9782733834213

Couleurs

9782733834183

Mes premiers coloriages à relier

dès 1 an | 210 x 210 mm • 36 pages | 4,99 €

Plus de 30 coloriages en points à relier, avec différents niveaux pour suivre ses progrès !

Ferme
Tiago Americo
9 782733 850817

Pâques
Pamela Barbieri
9 782733 856642

Mes premiers coloriages magiques

dès 1 an | 4,99 €

Pour des dessins mignons qui se dévoilent quand la couleur apparait !

Animaux
Tiago Americo
Vernis pailleté
9 782733 848708

Hiver
Pamela Barbieri / Tiago Americo
Vernis pailleté
9 782733 856536

NOUVELLE ÉDITION

Peinture Magique - Pâques
Tiago Americo
210 x 210 mm • 12 pages détachables • 1 pinceau
• **6,95 €**
9 782733 880944

Peinture Magique - Printemps
Stéphanie Bardy
210 x 210 mm • 12 pages détachables • 1 pinceau
• **6,95 €**
9 782733 877753

C'est trop

dès 6 ans | 240 x 310 mm • 122 pages | 14,95 €

NOUVEAU

C'est trop bon - La cuisine du monde

Camille Berta / Laurent Ducrettet / Betowers

unicef
pour chaque enfant

C'est trop bon ! 100 recettes faciles à réaliser avec les enfants !

Giovana Medeiros

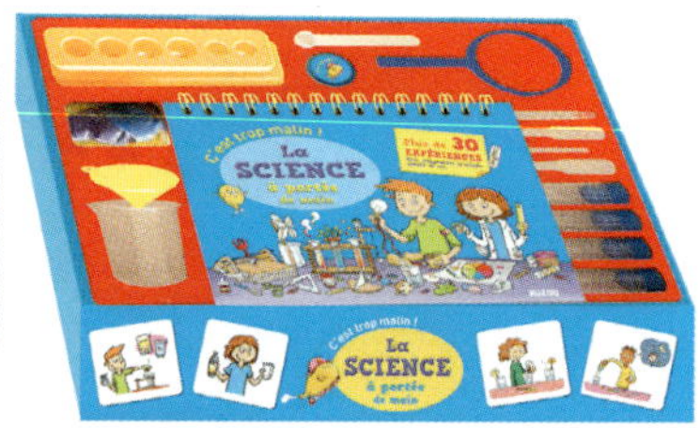

C'est trop malin ! La science à portée de main

Mélanie Perez / Alice Vettoretti / Laure Cacouault

Un coffret qui présente 30 expériences et qui contient plus de 10 accessoires pour les réaliser ! • **19,95 €**

Coffrets activités

14,95 €

NOUVEAU

dès 6 ans

Mon coffret de chercheur de dino

Allison Black

250 x 200 mm • 1 T-rex à déterrer • des outils • 1 carnet de 80 pages • 1 crayon

dès 7 ans

Mon coffret secret licorne

Ellen Giggenbach

290 x 230 mm • Carnet avec cadenas 122 pages • Écusson thermocollant • autocollants • posts-it • 3 stylos • 2 masking tapes

Tricky Tricks

105 x 80 mm

Des petites activités remue-méninge rigolotes sous la forme de kits complets !

dès 5 ans

Mon squelette de dino à déterrer !

Peskimo / Claire Wortemann

• 1 dinosaure à déterrer
• 1 livre explicatif • **Prix de vente conseillé : 9,95 €**

dès 6 ans

Mes deux tours de magie

Jérôme Sauloup / Kelly Breemer / Katya Longhi

• 4 dés • Confettis • 1 bâtonnet
• Ronds à colorier • 1 livret de 12 pages
• **Prix de vente conseillé : 9,95 €**

dès 6 ans

Mes trois illusions d'optique

Alice Vettoretti / Kelly Breemer / Katya Longhi

• 1 loupe à monter • Images en 3D
• Codes secrets • 3 images mouvantes
• 1 livret de 12 pages • **Prix de vente conseillé : 8,95 €**

dès 7 ans

Mes trois farces et attrapes

Jérôme Sauloup / Kelly Breemer / Katya Longhi

• 2 araignées • Boîtes en papertoys • Du fil
• 1 bande illustrée • 1 livret de 12 pages
• **Prix de vente conseillé : 8,95 €**

dès 7 ans

Mes deux casse-tête

Kelly Breemer / Katya Longhi

• 2 casse-tête en bois
• 1 livret de 12 pages
• **Prix de vente conseillé : 9,95 €**

Hors collection

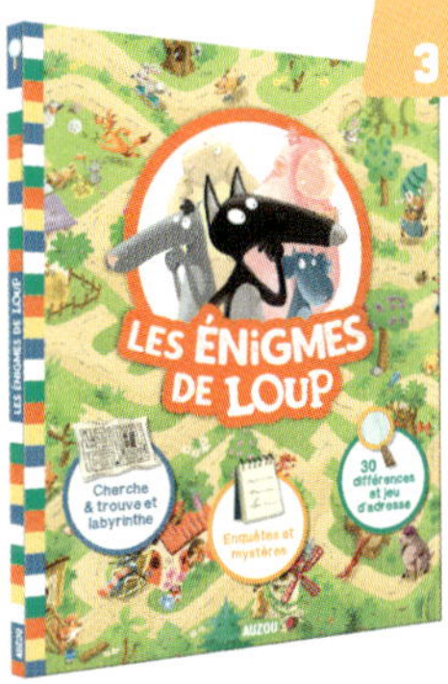

dès 3 ans

Les énigmes de Loup

Orianne Lallemand / Éléonore Thuillier

250 x 320 mm • tout-carton
• 8 doubles-pages
• **14,95 €**

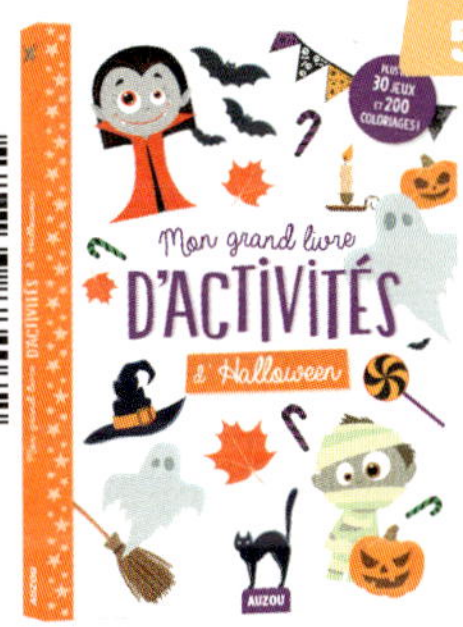

dès 5 ans

Mon grand livre d'activités d'Halloween

Isabelle Nicolle

205 x 285 mm • 240 pages
• **5,95 €**

Découvrez les règles de nos jeux originaux en vidéo sur notre chaîne YouTube : Jeux Auzou YouTube

Jeux de cartes

125 x 85 mm • Cartes filmées : 70 x 99 mm • Coffret avec tiroir et ruban

prix conseillé **7,95 €**

Une collection de jeux de cartes de référence, autour des jeux et des thèmes préférés des enfants dès le plus jeune âge.

Mes premiers jeux originaux

dès 3 ans

NOUVEAU

Mon premier jeu de Petit Sorcier
Marine Faraguna / Mr. Iwi
30 cartes
Thèmes : Mémoire - Observation

Mon premier jeu de Papa Fourmi
Théo Rivière / Sarah Andreacchio (Kerner)
36 cartes
Thèmes : Coopération - Mémoire

Mon premier jeu Augustin - La chasse aux œufs de Pâques
Pascal Brissy / Léa Fabre
43 cartes
Thèmes : Rapidité - Observation

Mon premier jeu de Grozanimos
Martin Nedergaard Andersen / Hazel Quintanilla
42 cartes
Thème : Observation

Jeux de cartes

125 x 85 mm • Cartes filmées : 70 x 99 mm • Coffret avec tiroir et ruban

prix conseillé 7,95 €

Mes premiers jeux originaux

dès 3 ans

9782733877975

Mon premier jeu de Petit Paon

Laurène Paumier / Alice de Page

42 cartes

Thèmes : Observation - Couleurs

9782733856482

Mon premier jeu des Chiffres

Laurène Paumier / Marie Margo / Johnny Yanok

45 cartes

Thème : Chiffres

9782733853030

Mon premier jeu des Formes

Laurène Paumier / Johnny Yanok

45 cartes

Thèmes : Coopération - Observation

9782733856475

Mon premier jeu de 1, 2, 3 Tempo

Sejung Kim

36 cartes

Thème : Repères dans le temps et l'espace

9782733868942

Mon premier jeu de 1, 2, 3 Animaux

Antartik / Michelle Carlslund

33 cartes • 11 posters

Thèmes : Observation - Assemblage

9782733870662

Mon premier jeu de Gare au requin !

Laurène Paumier / Inga Wilmink

45 cartes

Thèmes : Observation - Dénombrement

Jeux de cartes

125 x 85 mm • Cartes filmées : 70 x 99 mm • Coffret avec tiroir et ruban

prix conseillé 7,95 €

Mes premiers jeux classiques

dès 3 ans

9782733878354

Jeu de mémory - Où est Doudou ?

Orianne Lallemand / Éléonore Thuillier

46 cartes

Thèmes : Observation - Mémoire

9782733863954

Mon premier jeu de Mistigri

Carlo Beranek

20 cartes

Thèmes : Observation - Association

9782733853023

Mon premier jeu de Bataille

Villie Karabatzia

45 cartes

Thème : Observation

9782733862506

Mon premier jeu de 5 familles

Tiago Americo

20 cartes

Thèmes : Écoute - Mémorisation

9782733872208

Mon premier jeu de 6 familles

Charlotte Ameling

24 cartes + 6 posters

Thèmes : Écoute - Mémorisation

Un coffret de 3 jeux de cartes classiques pour jouer entre amis ou en famille !

9782733862667

Mon coffret de premiers jeux

Collectif

170 x 275 mm • 3 jeux de cartes

• Prix de vente conseillé : 19,95 €

Jeux de cartes

125 x 85 mm • Cartes filmées : 70 x 99 mm • Coffret avec tiroir et ruban

prix conseillé 7,95 €

Créations originales

dès 4 ans

Tap, tap anniversaire !

45 cartes

Thèmes : Rapidité - Astuce

Le jeu de cartes du Loup qui voulait changer de couleur

45 cartes

Thèmes : Mémorisation - Observation

Rapido go !

45 cartes

Thèmes : Rapidité - Association

Jeu de Cache-quatre

Les Fées Hilares / Federico Bonifacini

48 cartes

Thèmes : Mémorisation - Observation

Jeu du Moustique

Roberto Fraga / Kate Hindley

41 cartes

Thèmes : Observation - Rapidité - Mime

Jeu du Gloups

Roberto Fraga / Miriam Bos

45 cartes

Thèmes : Observation - Rapidité

Jeux de cartes

125 x 85 mm • Cartes filmées : 70 x 99 mm • Coffret avec tiroir et ruban

prix conseillé 7,95 €

Créations originales dès 5 ans

Jeu de Kimanjki
Richard et Chieko Stehr / Teressa Ong
45 cartes
Thème : Tactique

Jeu du Petit Nicolas La bataille de billes
D'après l'univers de Goscinny et Sempé
49 cartes
Thèmes : Réflexe - Mémoire

Jeu de Tok Tok Monkey
Richard et Chieko Stehr / Prisca Le Tandé
45 cartes
Thèmes : Logique - Rapidité

Jeu des Musik'ochons
Martin Nedergaard Andersen / Aurore Damant
46 cartes
Thème : Association

Jeux classiques dès 4 ans

Un coffret de 3 jeux de cartes classiques pour jouer entre amis ou en famille !

Mon coffret de jeux
Collectif
170 x 275 mm • 3 jeux de cartes
• Prix de vente conseillé : 19,95 €

Jeu de Mistigri
Miriam Bos
39 cartes
Thèmes : Observation - Mémoire

Jeux de cartes

125 x 85 mm • Cartes filmées : 70 x 99 mm • Coffret avec tiroir et ruban

prix conseillé 7,95 €

Jeux classiques

dès 4 ans

9782733841761

Jeu de Menteur
Steve Mack
41 cartes
Thèmes : Tactique - Intuition

9782733848128

Jeu de 1, 2, 3, circus
Chris Chatterton
40 cartes
Thèmes : Observation - Chiffre 4

9782733845523

Jeu de Dingo'zoo
Betowers
42 cartes
Thèmes : Observation - Rapidité - 8 américain

9782733848586

Jeu du Poung
Mylène Rigaudie
45 cartes
Thèmes : Observation - Rami

9782733852415

Jeu de Pige dans le lac
Miriam Bos
46 cartes
Thèmes : Tactique et mémoire - Jeu de 7 familles

9782733868935

Jeu de Carré magique
Antartik / Binbin Robin
45 cartes
Thèmes : Rapidité et astuce - Initiation au Kem's

9782733856550

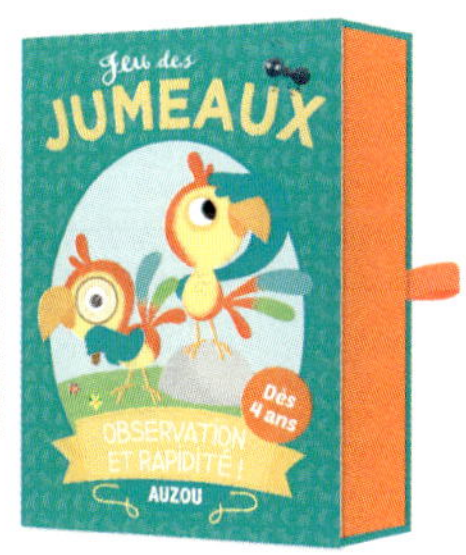

Jeu des Jumeaux
Genie Espinosa
46 cartes
Thèmes : Observation - Rapidité

Jeux de cartes

125 x 85 mm • Cartes filmées : 70 x 99 mm • Coffret avec tiroir et ruban

prix conseillé 7,95 €

Jeux classiques

dès 5 ans

Jeu de Bataille
Johnny Yanok
42 cartes
Thème : Observation

Jeu de 7 familles
Amy Blay
35 cartes
Thèmes : Tactique - Mémoire

Jeu de Moustache
Mélanie Grandgirard
37 cartes
Thèmes : Mémoire - Association

Jeu du Roi des animaux
Gareth Williams
40 cartes
Thèmes : Dénombrement - Initiation au Président

Jeu du Mini-Bac
Marijke Buurlage
36 cartes
Thèmes : Rapidité - Vocabulaire

Jeux de cartes | 165 x 13 mm • Boîte cloche | prix conseillé **9,95 €**

Mes jeux célèbres

Les plus grandes marques revisitées à travers des jeux de cartes innovants et funs !

NOUVEAU

dès 3 ans

9782733878248

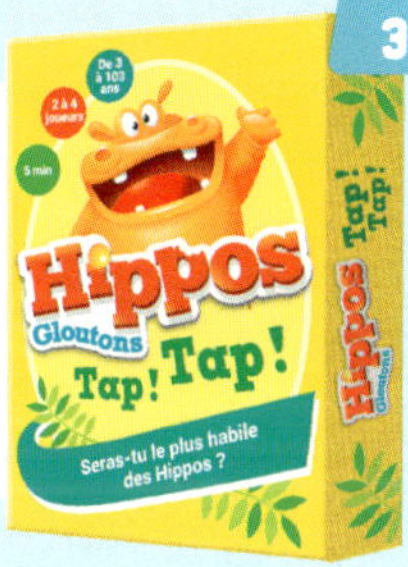

Tap ! Tap ! Hippos gloutons

Hasbro

52 cartes, dont 4 à colorier • 1 dé • 35 stickers

Thèmes : Rapidité - Observation

dès 6 ans

9782733885345

Qui est-ce ? : Mémo

Hasbro

47 cartes • 1 dé

Thèmes : Mémoire - Observation

dès 7 ans

9782733885628

emoji® le jeu !

Stéphanie Auvergnat

99 cartes • 1 sablier

Thèmes : Association - Rapidité

dès 8 ans

9782733878255

Monopoly : Mon quartier

Hasbro / Team Kaedama

80 cartes • 62 jetons

Thèmes : Stratégie - Gestion

dès 8 ans

9782733878262

La Bonne Paye : Bluff

Hasbro / Stéphanie Auvergnat

25 cartes • 23 jetons • 4 plateaux

Thèmes : Stratégie - Bluff

P'tits jeux

Créations originales

dès 3 ans

Une collection de petites boîtes de jeux à emmener partout
et à mettre entre toutes les petites mains !

P'tit jeu Dans mon Panier

Marilyne Valnet / Inga Wilmink
180 x 120 x 35 mm • 4 plateaux paniers • 40 tuiles • **Prix de vente conseillé : 9,95 €**
Thèmes : Observation - Mémoire

9 782733 877951

Le jeu du marchand de sable

Orianne Lallemand - Eleonore Thuillier - sur une idée de Guillaume Desportes
180 x 120 x 35 mm • 12 cartes • 2 plateaux • 1 dé • 12 jetons mémory
• Prix de vente conseillé : 10,95 €
Thèmes : Mémoire - Chance

9 782733 868003

dès 4 ans

P'tit jeu de La maison des animaux

Sylvain Ménager / Carotte et compagnie
180 x 120 x 35 mm • 1 maison à monter • 24 jetons • 1 carte mémo
• Prix de vente conseillé : 9,95 €
Thèmes : Mémoire - Déduction

9 782733 870686

dès 4 ans

P'tit jeu de Voilà l'ours !

Sylvain Ménager / Miriam Bos
180 x 120 x 50 mm • 20 tuiles chemin • 4 pions de gardien de zoo • 1 pion d'ours
• Prix de vente conseillé : 11,95 €
Thème : Coopération

9 782733 859483

dès 4 ans

P'tit jeu Le Coffre aux trésors

Théo Rivière / Maxime Rambourg / Paco Sordo
200 x 140 x 50 mm • 1 sac en tissu • 5 planches • 36 pièces
• Prix de vente conseillé : 11,95 €
Thèmes : Chance - Tactique

9 782733 881255

dès 5 ans

Jungle Zig-zag

Les Fées Hilares / Nolween Grignon
200 x 140 x 50 mm • 48 tuiles
• Prix de vente conseillé : 11,95 €
Thèmes : Association - Tactique

9 782733 866177

P'tits jeux

Créations originales

dès 5 ans

Circus Picking

Martin Nedergaard Andersen / Miriam Bos

180 x 120 x 35 mm • 54 cartes • 3 dés • **Prix de vente conseillé : 9,95 €**

Thèmes : Observation - Rapidité

9 782733 862049

Kam-Kam

Chieko et Richard Stehr / Mel Armstrong

180 x 120 x 35 mm • 48 cartes en PVC • 25 jetons • **Prix de vente conseillé : 12,95 €**

Thèmes : Observation - Tactique

9 782733 872178

Funny Monsters

Martin Nedergaard Andersen / Rob Biddulph

180 x 120 x 35 mm • 50 cartes • 6 pions • 1 dé • **Prix de vente conseillé : 9,95 €**

Thèmes : Rapidité - Mémoire - Tactique

9 782733 862056

Créations originales

Le jeu de Loup - Enquête au musée

Orianne Lallemand / Eléonore Thuillier / sur une idée de Sylvain Ménager

1 plateau de jeu • 1 pion Loup • 1 dé • 1 jeton • 11 cartes • **Prix de vente conseillé : 11,95 €**

Thème: Mémoire

9 782733 881507

Jeux classiques

dès 3 ans

prix conseillé 11,95 €

P'tit jeu de puzzles - Bienvenue dans la forêt !

Ella Bailey

180 x 120 x 50 mm • Puzzle de 24 pièces (et son modèle) et 4 personnages à monter en volume

Thèmes : Construction - Motricité

9 782733 856567

P'tit jeu de puzzles - Bienvenue dans la savane !

9 782733 849606

P'tit jeu de puzzles - Bienvenue chez les 3 petits cochons !

9 782733 856499

P'tits jeux

Jeux classiques dès 3 ans

P'tit jeu de puzzles - Les animaux du monde !

Emma Martinez
180 x 120 x 35 mm • 2 puzzles de 12 pièces
• Prix de vente conseillé : 9,95 €
Thèmes : Construction - Motricité

9 782733 861950

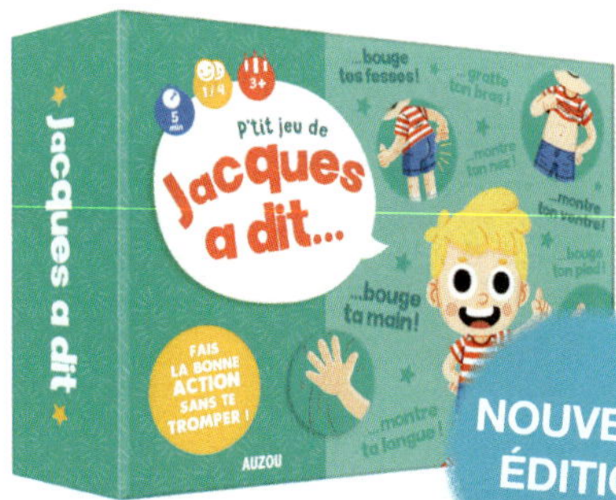

NOUVELLE ÉDITION

P'tit jeu de Jacques a dit

Sam Rennocks
200 x 140 x 50 mm • 5 planches • 80 cartes
• Prix de vente conseillé : 11,95 €
Thèmes : Écoute - Coordination

9 782733 877012

P'tit jeu de loto - Les rois du monde !

Julie Mercier
180 x 120 x 35 mm • 6 planches • 36 tuiles
• Prix de vente conseillé : 9,95 €
Thème : Observation

9 782733 876947

P'tit jeu de loto - Les rois de la ferme !

Peskimo
180 x 120 x 50 mm • 6 planches-personnages • 36 cartes **• Prix de vente conseillé : 11,95 €**
Thème : Observation

9 782733 849590

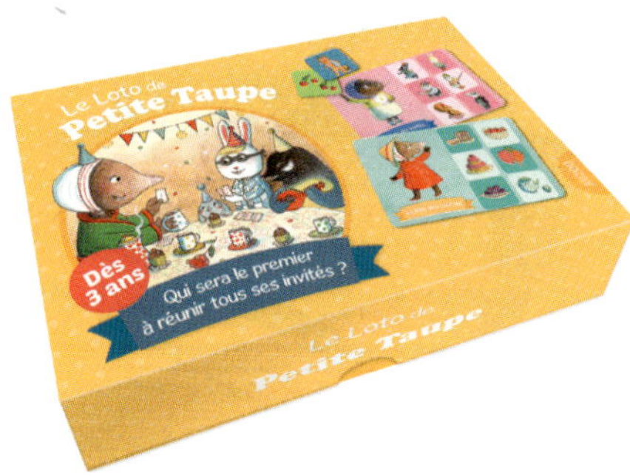

Le loto de Petite taupe

Orianne Lallemand / Claire Frossard
180 x 120 x 50 mm • 40 jetons • 6 planches
• Prix de vente conseillé : 11,95 €
Thèmes : Observation - Association

9 782733 878170

P'tit jeu de cherche et trouve - Les animaux du monde

Chiara Nocentini
180 x 120 x 50 mm • 6 planches de Cherche et trouve • 66 tuiles **• Prix de vente conseillé : 11,95 €**
Thèmes : Observation - Rapidité

9 782733 853047

P'tits jeux dès 3 ans

Jeux classiques

P'tit jeu de dominos
Jay Fleck
180 x 120 x 50 mm • 28 dominos en bois
• Prix de vente conseillé : 11,95 €
Thèmes : Association - Dénombrer

9 782733 856505

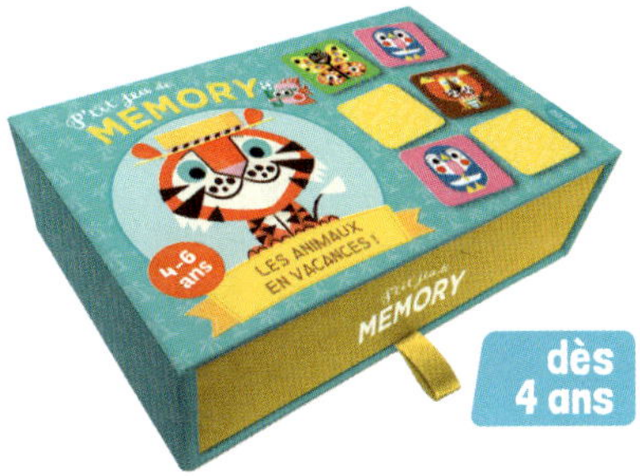

dès 4 ans

P'tit jeu de mémory - Les animaux en vacances !
Pintachan
180 x 120 x 50 mm • 42 tuiles
• Prix de vente conseillé : 11,95 €
Thème : Mémoire

9 782733 849583

dès 4 ans

P'tit jeu de Détectives
Thierry Bedouet
180 x 120 x 50 mm • 4 planches de suspects • 48 cartes • 50 pastilles rondes
• Prix de vente conseillé : 11,95 €
Thèmes : Déduction - Astuce

9 782733 853979

dès 4 ans

P'tit jeu de Aqua-mémo
Sylvain Ménager / Amy Blay
180 x 120 x 25 mm • 1 plateau de jeu pliable • 8 jetons Poisson et 32 cartes
• Prix de vente conseillé : 9,95 €
Thème : Mémoire

9 782733 859490

Mon jeu classique

Boîte: 330 x 170 mm • 1 plateau recto verso de 320 x 320 mm

dès 3 ans | prix conseillé 14,95 €

Les grands classiques chez Auzou !

NOUVEAU

9 782733 882412

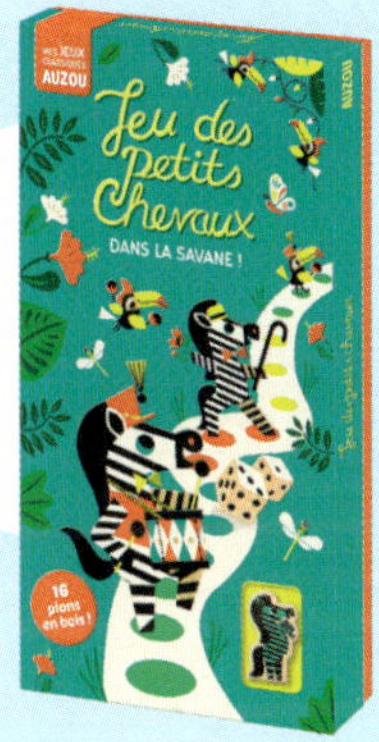

Jeu des petits chevaux
Amy Blay
• 1 sac en toile
• 16 pions et 2 dés en bois

9 782733 882405

Jeu de l'oie
Miriam Bos
• 1 sac en toile
• 4 pions et 3 dés en bois

Grands jeux

Des boîtes de table pour accueillir des jeux originaux et riches en accessoires.

NOUVEAU

dès 3 ans

Mon premier jeu de l'oie P'tit Loup
Orianne Lallemand / Éléonore Thuillier
Boîte : 320 x 220 mm • 1 plateau • 4 pions et 1 dé en bois • **Prix de vente conseillé : 14,95 €**

dès 5 ans

Attention ... Prêts ? Mangez !
Roberto Fraga / Alice de Page
320 x 220 x 60 mm • 1 plateau 300 x 300 mm • 1 dé en bois • 120 cartes défis • 4 pions en bois • 1 sablier • 6 cubes en bois • 8 tuiles de mémory • **Prix de vente conseillé : 24,95 €**

dès 5 ans

Protège tes pandas !
Concepteo /Pippa Curnick
290 x 110 x 60 mm • 12 pandas en bois • 30 jetons pandas • 25 cartes • **Prix de vente conseillé : 19,95 €**

dès 6 ans

NOUVELLE ÉDITION

Escape game au château
Concepteo / Emmanuel Tredez / Maud Riemann
320 x 220 x 60 mm
• 1 plateau en 3D
• Divers accessoires (180 cartes énigmes, 1 loupe, 1 sablier, 1 carnet ...)
• **Prix de vente conseillé : 29,95 €**

Grands jeux

dès 3 ans

Saute-grenouille

Richard et Chieko Stehr / Sarah Andreacchio

320 x 220 x 60 mm • 1 plateau recto/verso avec 2 niveaux de difficulté • 1 dé • 4 pions en bois

• **Prix de vente conseillé : 19,95 €**

9 782733 862643

dès 4 ans

La course des loutres

Jay Fleck / Frédéric Vuagnat

320 x 220 x 60 mm • 12 pions et 2 dés en bois • 1 plateau amovible

• **Prix de vente conseillé : 22,50 €**

9 782733 873908

dès 4 ans

Le tour du monde de Loup

Orianne Lallemand - Éléonore Thuillier - sur une idée de Sylvain Ménager

Boîte : 320 x 290 mm • 54 cartes filmées • 1 plateau de jeu • 1 pion en métal • 1 dé

• **Prix de vente conseillé : 24,95 €**

9 782733 871973

Jeux de cherche et trouve

Boîte: 320 x 220 x 60 mm

prix conseillé **19,95 €**

dès 3 ans

Mon premier cherche et trouve

Federica Iossa

• 8 planches univers et 50 cartes « quelque chose à trouver»

9 782733 862650

dès 4 ans

Autour du monde

Benjamin Bécue

2 plateaux de Cherche et trouve • 80 cartes par plateau

9 782733 853955

Ma valise de jeux…

210 x 195 x 30 mm

prix conseillé 9,95 €

Des valises complètes à emporter partout, pour s'amuser pendant les vacances !

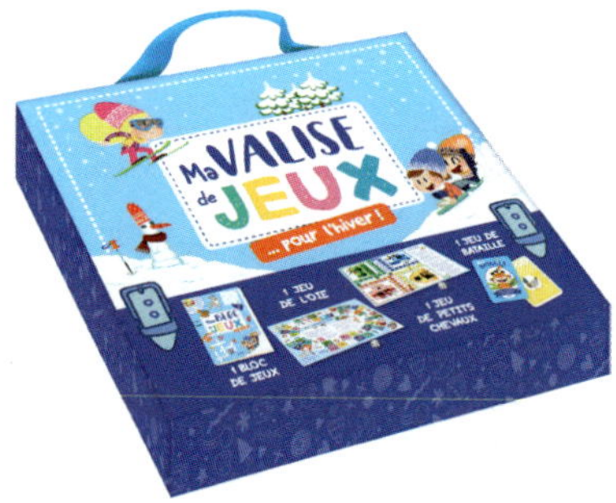

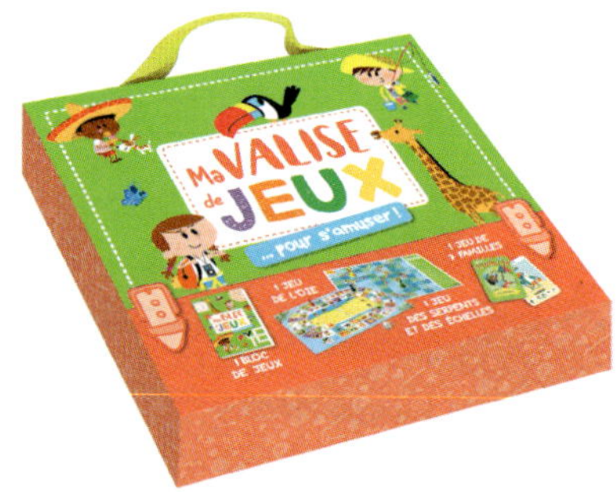

Ma première valise de jeux !

Pintachan

1 jeu de loto • 1 jeu de dominos • 1 jeu de mémory • 1 jeu de 5 familles

9782733881262

... pour l'hiver !

4 pions • 1 dé • Bloc de jeux : 120 x 175 mm • 46 pages • Plateau de jeu : 400 x 295 mm • Jeu de cartes : 67 x 96 mm

9782733866184

... pour s'amuser !

4 pions • 1 dé • Bloc de jeux : 120 x 175 mm • 46 pages • Plateau de jeu : 400 x 295 mm • Jeu de cartes : 67 x 96 mm

9782733871560

Puzzles

Loup

dès 4 ans

320 x 220 mm • 1 puzzle de 54 pièces : 315 x 435 mm

prix conseillé 14,50 €

Anniversaire

9782733844168

Loup

9782733835449

Contes et légendes

9782733841051

Le Petit Nicolas

dès 7 ans

prix conseillé 12,95 €

9782733874806

Le puzzle du Petit Nicolas

D'après l'univers de Goscinny et Sempé

320 x 230 mm • 1 puzzle de 140 pièces : 430 x 290 mm

54 pièces

dès 5 ans | 220 x 120 x 120 mm • 1 puzzle de 54 pièces : 315 x 435 mm | prix conseillé 12,50 €

9782733862360

Mon puzzle de l'espace
Amélie Falière
unicef pour chaque enfant

9782733844403

Mon puzzle des animaux
Céline Chevrel

9782733844397

Mon puzzle des princesses
Pauline Duhamel

9782733848609

Mon puzzle du zoo magique
Lucy Fleming

9782733848593

Mon puzzle des contes du monde
Miriam Bos

100 pièces

dès 6 ans | 220 x 120 x 120 mm • 1 puzzle de 100 pièces : 600 x 400 mm | prix conseillé 13,50 €

9782733883433

NOUVELLE ÉDITION

Mon puzzle du monde sous-marin
Pippa Curnick
unicef pour chaque enfant

9782733853085

Mon puzzle des 4 saisons
Anne-Kathin Behl
unicef pour chaque enfant

9782733853962

Mon puzzle des animaux du monde
Deborah Pinto

150 pièces

220 x 120 x 120 mm • 1 puzzle de 150 pièces : 600 x 400 mm

dès 7 ans | 14,95 €

9782733872222

Mon puzzle qui brille dans le noir
Betowers

LOISIRS CRÉATIFS

Ma pochette d'artiste

Belles et compactes, ces pochettes proposent des heures de création pour tous les âges et tous les goûts.

Mes autocollants

dès 3 ans | 245 x 200 mm | prix conseillé 4,95 €

NOUVEAU

9782733883716

Licornes et chevaux
Maude Guesné
5 planches d'autocollants • 6 décors

9782733876961

Pirates
Benjamin Bécue
5 planches d'autocollants
• 6 décors

NOUVELLE ÉDITION

9782733876732

Princesses du monde
Maude Guesné
5 planches d'autocollants
• 6 décors

9782733874943

Dinosaures
Claire Wortemann
5 planches d'autocollants • 6 décors

9782733871966

Noël
Charlotte Ameling
5 planches d'autocollants • 6 décors

9782733868904

Animaux
Amandine Notaert
5 planches d'autocollants • 6 décors

Mes autocollants

dès 3 ans | 245 x 200 mm | prix conseillé 4,95 €

Danseuses
Pich
5 planches d'autocollants
• 6 décors

Princesses
Lilidoll
5 planches d'autocollants
• 6 décors

Pâques - Augustin le lapin
Pascal Brissy / Léa Fabre
5 planches d'autocollants
• 6 décors

Azuro - Dragons
Laurent Souillé / Olivier Souillé /Jérémie Fleury
5 planches d'autocollants
• 6 décors

Loup - C'est la fête !
Orianne Lallemand / Éléonore Thuillier
5 planches d'autocollants
• 6 décors

Loup - Aventure
Orianne Lallemand / Éléonore Thuillier
5 planches d'autocollants
• 6 décors

Ma pochette d'artiste

Belles et compactes, ces pochettes proposent des heures de création pour tous les âges et tous les goûts.

Mes cartes à gratter

dès 5 ans | 245 x 200 mm | prix conseillé 7,95 €

9782733877098

Mes robes à gratter et à pailleter - Printemps

Clairice Gifford

3 cartes à gratter • 3 cartes à pailleter • 2 silhouettes • 3 couleurs de paillettes **• Prix de vente conseillé : 8,95 €**

9782733870822

Mes cartes à gratter et à métalliser - Hiver

Mel Armstrong

5 cartes à gratter et 5 cartes à métalliser • 1 crayon en bois • **Prix de vente conseillé : 8,95 €**

9782733876725

Oiseaux fantastiques

Mel Armstrong

10 cartes à gratter • 1 crayon en bois

9782733877593

Fleurs

Mel Armstrong

10 cartes à gratter • 1 crayon en bois

9782733879283

Océan

Mel Armstrong

10 cartes à gratter • 1 crayon en bois

9782733870815

Forêt

Mel Armstrong

10 cartes à gratter • 1 crayon en bois

9782733868546

Jungle

Mel Armstrong

10 cartes à gratter • 1 crayon en bois

9782733877456

Mes cartes à gratter Petite taupe

Orianne Lallemand / Claire Frossard

• 10 cartes à gratter • 1 crayon en bois

9782733881477

Mes cartes à gratter Loup

Orianne Lallemand / Éléonore Thuillier

• 10 cartes à gratter • 1 crayon en bois

Ma pochette d'artiste

Belles et compactes, ces pochettes proposent des heures de création pour tous les âges et tous les goûts.

Mes autres activités en pochette

245 x 200 mm

prix conseillé 7,95 €

NOUVEAU

dès 3 ans

Mes décoration de Noël - en paper art
Mel Armstrong
2 planches d'autocollants • 3 planches d'étiquettes • fil rouge et doré • Silhouettes en paper art

dès 6 ans

Mes tableaux en diamond art
Mel Armstrong
2 tableaux • plus de 2 500 strass • 1 stylet • cire

dès 4 ans

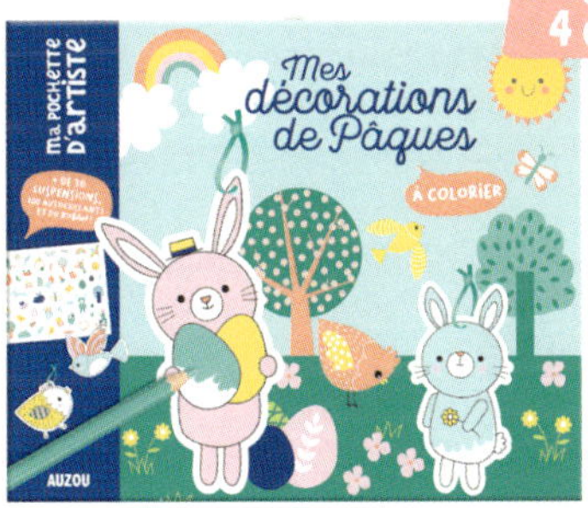

Mes décorations à colorier - Pâques
Alice Potter
30 décorations à colorier et suspendre • 100 autocollants • **Prix de vente conseillé : 6,95 €**

dès 5 ans

Mes masques en paillettes et sequins - Créatures enchantées
Maude Guesné
3 masques • 3 couleurs de paillettes et 4 de sequins • 3 élastiques

dès 5 ans

Mon poster à animer - Le monde
Antoana Oreski
1 poster • 5 planches d'autocollants

Ma première pochette d'artiste

245 x 200 mm

Des pochettes consacrées aux activités artistiques pour les tout-petits.

Mes coloriages velours

dès 3 ans · prix conseillé 7,95 €

Petite taupe
Orianne Lallemand / Claire Frossard
10 cartes à colorier

Printemps
Nancy Leschnikoff
10 cartes à colorier

Ma peinture magique

dès 3 ans · prix conseillé 7,95 €

À la ferme
Wendy Kendall
10 tableaux • 1 pinceau en bois

Bébés animaux
Marta Sorte
10 tableaux • 1 pinceau

Avec P'tit Loup
Orianne Lallemand / Éléonore Thuillier
10 tableaux • 1 pinceau

Mes autocollants

dès 3 ans · prix conseillé 4,95 €

P'tit Loup Noël
Orianne Lallemand / Éléonore Thuillier
6 décors • 100 autocollants

Avec P'tit Loup
Orianne Lallemand / Éléonore Thuillier
6 décors • 100 autocollants

Mon coffret d'artiste

De beaux coffrets avec tout le nécessaire pour réaliser de superbes créations !

Mon super coffret d'artiste

NOUVEAU

9782733877104

dès 3 ans

Mon atelier de pâte à modeler - avec Steffie Brocoli

320 x 260 x 50 mm • 4 tubes de pâte à modeler fabriquée en France • 6 accessoires (rouleau, emportes-pièces ...) • 2 boîtes • 2 sets de table

• Prix de vente conseillé : 22,50 €

PÂTE À MODELER FRANÇAISE

Mon premier coffret d'artiste

dès 3 ans | 205 x 250 mm | prix conseillé 12,95 €

De beaux coffrets adaptés aux plus jeunes et avec tout le nécessaire pour réaliser de superbes créations !

NOUVEAU

9782733865842

Mes autocollants en mousse - Animaux

Georgette

5 silhouettes à décorer • plus de 200 autocollants en mousse multicolores

9782733865835

Mes tableaux pompons

Christine Sheldon

5 tableaux • 450 pompons

Mon coffret d'artiste

dès 5 ans | 205 x 250 mm | prix conseillé 12,95 €

De beaux coffrets avec tout le nécessaire pour réaliser de superbes créations !

NOUVEAU

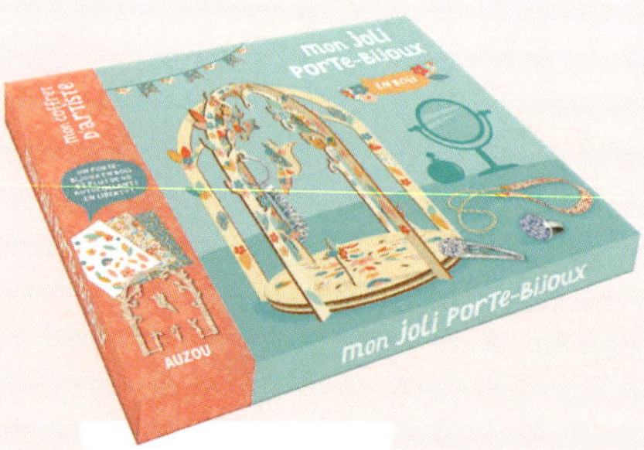

9 782733 878651

Mon joli porte-bijoux en bois

Maude Guesné

1 carrousel en bois à assembler • Autocollants en Liberty

9 782733 883945

Mes créations en strass et paillettes - Monde féerique

Feena Brooks

15 suspensions • 60 autocollants • 2 tableaux • 3 couleurs de paillettes et 80 strass • stylet en bois • 1 paille

dès 7 ans

9 782733 880548

Mes inventions extraordinaires de Léonard de Vinci et Jules Verne

Bénedicte Le Loarer / Jonas Le Saint / Rozenn Bothuon

1 livre • 1 mode d'emploi • 14 planches de carton épais prédécoupé

• Prix de vente conseillé : 17,95 €

9 782733 879696

Mes jolis œufs en bois à décorer

Flavie Bouyer

4 œufs en bois • feutrine adhésive

• Prix de vente conseillé : 14,95 €

9 782733 880487

Mes tableaux en sable coloré - Animaux

Emily Balsley

8 tableaux • 6 tubes de sable

Mon coffret d'artiste

dès 5 ans | 205 x 250 mm | prix conseillé 12,95 €

De beaux coffrets avec tout le nécessaire pour réaliser de superbes créations !

9782733876701

Mes masques à gratter - Monde magique

Maude Guesné

8 masques à gratter • 1 batonnet en bois

9782733876695

Mes masques d'animaux à décorer

Émilie Lapeyre

8 masques • stickers feutrine • autocollants

9782733872017

dès 6 ans

Mon merveilleux photophore en paper art

Gaël Le Neillon

Planches de carton • Papiers colorés
• Feuilles de calque • 1 bougie LED
• **Prix de vente conseillé : 14,95 €**

9782733871997

dès 6 ans

Mes cartes à pailleter - Nature enchantée

Jane Ryder Gray

6 cartes • 6 tubes de paillettes • 1 crayon en bois

9782733863619

dès 6 ans

Mes merveilleux bijoux en plastique fou

Laure Coulombel / Shiilia

12 formes en plastique fou • Du cordon
• Un livret de 16 pages

9782733869147

dès 6 ans

Mes cartes créatives à animer

Mlle Hypolite

Des planches en papier prédécoupées
• Un livret de 24 pages

Mon coffret d'artiste

dès 5 ans

9782733867242

Mes masques de princesses
Maude Guesné / Lilidoll
200 x 240 mm • 8 masques • 8 élastiques • 1 plume • 5 planches d'autocollants • 5 feuilles de motifs • **Prix de vente conseillé : 12,95 €**

9782733863886

Hiver magique
Jane Ryder-Gray
195 x 240 mm • 6 cartes à gratter • 5 suspensions à gratter • 1 planche d'autocollants • **Prix de vente conseillé : 9,95 €**

Mes blocs-notes créatifs

dès 5 ans

9,95 €

Des blocs-notes proposant différentes techniques sur des planches détachables réunies en 5 onglets thématiques.

9782733876770

Peinture magique - Animaux mignons
La Fabriken
205 x 235 mm • 15 tableaux magiques • **10,95 €**

dès 3 ans

9782733876756

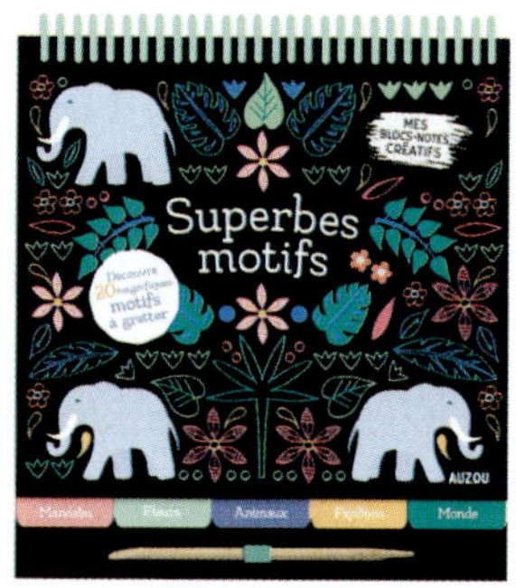

Superbes motifs
Jane Ryder-Gray
205 x 175 mm • 20 tableaux • 1 stylet en bois

9782733866023

Animaux fantastiques
Lizzie Preston
205 x 175 mm• 20 tableaux • 1 stylet en bois

9782733866016

Contes merveilleux
Lindsay Dale-Scott
205 x 175 mm • 20 tableaux • 1 stylet en bois

Mon superbe bijou

dès 7 ans | 140 x 110 mm • Livre : 95 x 80 mm - Entre 20 et 32 pages | 7,95 €

De petites boîtes pour confectionner soi-même les bijoux du moment.

NOUVEAU

9782733883426

Mon collier petit chat

Sandrine Monnier

De la feutrine • du papier doré • 1 fil de suédine
• Prix de vente conseillé : 8,95 €

9782733885529

Mon collier arc-en-ciel

Maude Guesné

4 fils • 1 cordelette • 1 chaîne
• 1 support de broche • de la feutrine
• Prix de vente conseillé : 8,95 €

9782733885536

Mon merveilleux collier de fête

Shiilia

1 chaîne • 5 pompons multicolores • 4 grelots
• Prix de vente conseillé : 8,95 €

9782733878095

Mes 3 patchs thermocollants

Sandrine Monnier

3 patchs brodés • charms
• pompons • des fils • 1 aiguille

9782733877081

dès 4 ans

Mon adorable collier lama

Zabeil

1 pendentif lama • 1 cordon
• 1 pompon • 1 grelot

9782733876763

dès 5 ans

Mes bracelets d'amitié en liberty

Shiilia

2 cordons en Liberty • 2 pompons
• 2 charms • 2 enveloppes

Mon superbe bijou

dès 7 ans | 140 x 110 mm • Livre : 95 x 80 mm • Entre 20 et 32 pages | 7,95 €

De petites boîtes pour confectionner soi-même les bijoux du moment.

9 782733 881712

Mon joli bracelet arc-en-ciel

Shiilia

1 cordon doré • 1 charm
• perles Heishi multicolores

9 782733 882221

Mon super collier gourmand

Shiilia

1 fiole • 1 fil tressé • 1 charm
• gourmandises prédécoupées

9 782733 876213

Mon duo de bracelets porte-bonheur

Shiilia

Perles de rocaille, lettres et cœur • 2 pompons
• 2 grelots • fil élastique • anneaux

9 782733 877074

Le collier de mes émotions

Shiilia

1 pendentif cœur qui change
de couleur • fil • rubans

9 782733 878101

Mon magnifique bracelet brésilien

Shiilia

Fils colorés • des perles
• 2 charms • 1 pompon

9 782733 870624

Mon bijou de cheveux attrape-rêves

Shiilia

1 barrette • 1 ruban • 1 fil de suédine
• 1 attrape-rêves • 1 plume • 1 pompon

9 782733 866245

Mon collier licorne magique

Mathilde Paris / Shiilia

1 pendentif • 1 morceau de chaîne-bille
avec attache • 1 pompon en laine
• Anneaux de raccord

9 782733 866238

Mon joli bracelet personnalisé

Mathilde Paris / Shiilia

1 cordon en Liberty • Fils métallisés bleu
et doré • 1 charm • 1 pompon • 1 fermoir

Mon superbe bijou

dès 7 ans | 140 x 110 mm • Livre : 95 x 80 mm • Entre 20 et 32 pages | 7,95 €

De petites boîtes pour confectionner soi-même les bijoux du moment.

9782733861189

Mon super collier fruité

Mathilde Paris / Shiilia

1 pendentif • 1 fiole • Des petits fruits

9782733846179

Mon double bracelet en Liberty

Mathilde Paris / Shiilia

2 cordons en Liberty • 1 lanière en cuir pailleté • 2 charms • 2 perles belières • Des fermoirs et des anneaux de raccord

9782733846162

Mon superbe bracelet en Liberty

Mathilde Paris / Shiilia

2 biais en Liberty • 1 bouton de nacre • Des anneaux de raccord • 1 fermoir et des embouts

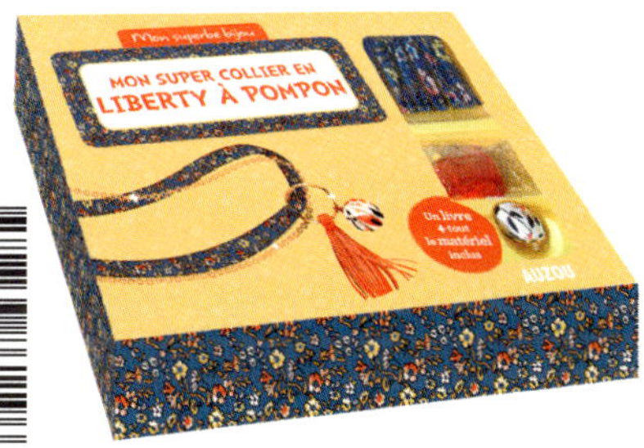

9782733861196

Mon super collier en Liberty à pompon

Mathilde Paris / Shiilia

1 pendentif • 1 pompon en suédine • Tissus Liberty

9782733846186

Mon joli collier attrape-rêves

Mathilde Paris / Shiilia

1 pendentif attrape-rêves • 1 grande plume • 1 grand pompon • Des perles de rocaille • De la chaîne bille • 1 cordon noir • Des charms

9782733846308

Mon merveilleux collier attrape-rêves

Mathilde Paris / Shiilia

1 pendentif • Des charms • Des perles • 1 plume • Du fil de nylon • 1 fermoir • Des anneaux de raccord

9782733846391

Ma couronne de princesse

Maude Guesné

1 couronne en papier épais • 1 fiole de paillettes • Des pompons de couleur • Des strass

9782733849507

Mon joli collier porte-bonheur

Mathilde Paris / Shiilia

3 fioles en verre • 1 fil • 1 ruban • Des pailles

Ma boîte à bijoux

dès 7 ans | 245 x 200 mm • Livre : 170 x 180 mm • 24 pages | prix conseillé 15,95 €

Des coffrets contenant un livre et de nombreux accessoires pour confectionner un ou plusieurs beaux bijoux.

NOUVEAU

9 782733 878118

Mes merveilleux bijoux fleuris

Shiilia

Grandes fleurs séchées • 1 fiole boule • 1 pendentif • 1 clé • 1 barette • 1 bague • du ruban

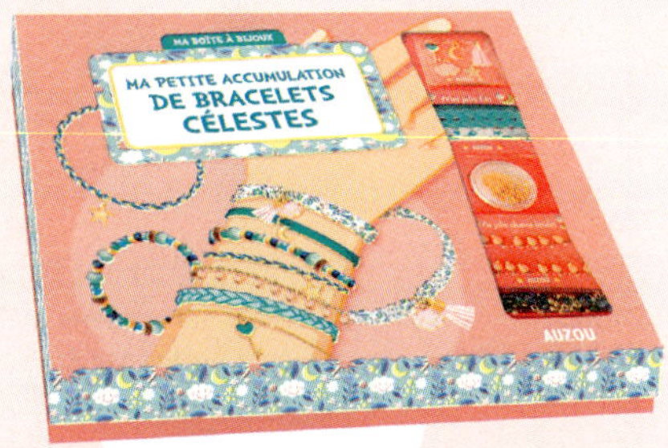

9 782733 883976

Ma petite accumulation de bracelets célestes

Shiilia

Perles de bois et de rocaille • charms • fils • rubans • chaînes • pompons

9 782733 886205

Mes jolis bijoux en bois

Zabeil

Perles • Pièces de bois prédécoupées • Pompons • Papiers glitter • charm

Mes bracelets brésiliens

Mathilde Paris / Shiilia / Maude Guesné

10 pelotes de fils brésiliens • perles

9 782733 882238

Mes bijoux fioles porte-bonheur

Shiilia

7 fioles • 7 rubans • 7 matériaux pour remplir les fioles

• Prix de vente conseillé : 17,95 €

9 782733 874059

Ma petite accumulation de bracelets bohêmes

Mathilde Paris / Shiilia

Perles variées • Fil tressés et à couleurs • Pompons • Charm's

9 782733 874028

Ma boîte à bijoux

dès 7 ans | 245 x 200 mm • Livre : 170 x 180 mm • 24 pages | 15,95 €

Mathilde Paris / Shiilia

9782733874035

Mes bijoux en Liberty - Nouvelle édition

5 cordons et biais • Chaîne • 1 support barrette • 1 élastique • Charms • Fermoirs **• Prix de vente conseillé : 15,95 €**

9782733868690

Mes bijoux en attrape-rêves

6 pendentifs • Suédine • Perles • 3 fils de couleur • Chaîne • 1 pompon en daim • Fermoirs et anneaux de raccord

9782733863572

Mes bijoux en Liberty avec Kate - Vol. 4

Bracelets pompon, multiple et fleuri • Bague bouton • Collier cadenas • Élastique ruban • Porte-clés théière

9782733861202

Mes fioles et bocaux

3 couleurs de sable coloré • Charms • Fil

9782733847312

Mes bijoux en attrape-rêves

1 plume • Des grelots • Des perles • Des attrape-rêves • 1 pompon • Du fil néon

9782733833391

Mes bijoux en tissus japonais avec Akiko

3 tissus japonais • 2 rubans • 3 supports à bague • 2 supports à broches • 1 support à barrette • Des perles **• 14,95 €**

9782733842959

Mes bijoux en Liberty avec Kate - Vol. 2

5 cordons et biais en Liberty • Pinces à ruban • Fermoirs • Support à bague • Pompons et charms

9782733853504

Mes bijoux en Liberty avec Kate - Vol. 3

5 cordons et biais en Liberty • Pinces à ruban • Fermoirs • Support à bague • Pompons et charms

Mon atelier bijoux

dès 8 ans

200 x 165 mm • Livre : 120 x 120 mm • 24 pages

Des coffrets contenant un livre et de nombreux accessoires pour confectionner un ou plusieurs beaux bijoux.

NOUVEAU

9 782733 878774

Mes colliers pailletés

Shiilia

3 pièces de similicuir dont 1 dorée • 2 chaînes • 2 pompons • 1 sachet de paillettes • fermoirs

• Prix de vente conseillé : 10,95 €

dès 10 ans

9 782733 871362

Mon magnifique collier à broder

Mathilde Paris / Shiilia

1 tambour à broder en bois • 1 pendentif • Aiguille et enfile-aiguille • 3 toiles à broder • 2 pelotes de fil • 1 fil néon rose • **Prix de vente conseillé : 12,95 €**

9 782733 866030

Mon atelier de broderie

Flora Waycott

1 tambour à broder • Toile • Papier magique soluble • 4 couleurs de fil • Aiguille et enfile-aiguille • **12,95 €**

9 782733 855485

Mes jolis colliers tissés

Mathilde Paris / Shiilia

4 couleurs de perles fines • 1 bobine de fil nylon • 1 pompon en laine • **10,95 €**

9 782733 852187

Mon headband en Liberty

Mathilde Paris / Shiilia

1 chaînette • Des charms • 1 biais Liberty • 1 cordon Liberty • 1 élastique • **9,95 €**

9 782733 852354

Mon joli collier ras du cou

Mathilde Paris / Shiilia

1 brin de dentelle • De la suédine • 1 plume • 1 pompon • 1 disque doré • **9,95 €**

Mon atelier déco

dès 7 ans

275 x 195 mm

Des kits pour confectionner de jolies décorations tendance.

NOUVEAU

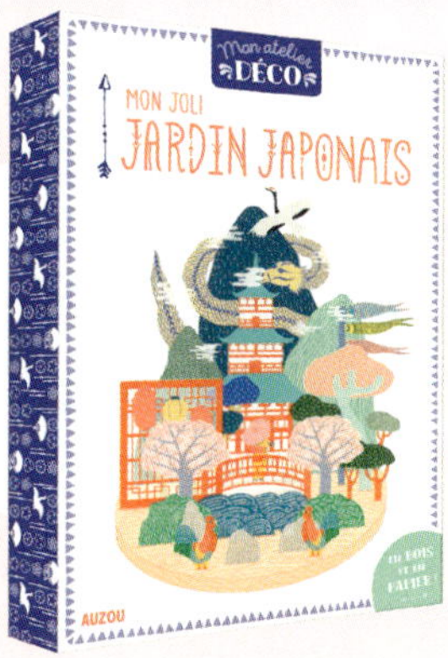

Mon joli jardin japonais

Mlle Hipolyte

1 socle en bois • Papier épais prédécoupé • Papier calque • Pastilles adhésives

• Prix de vente conseillé : 16,95 €

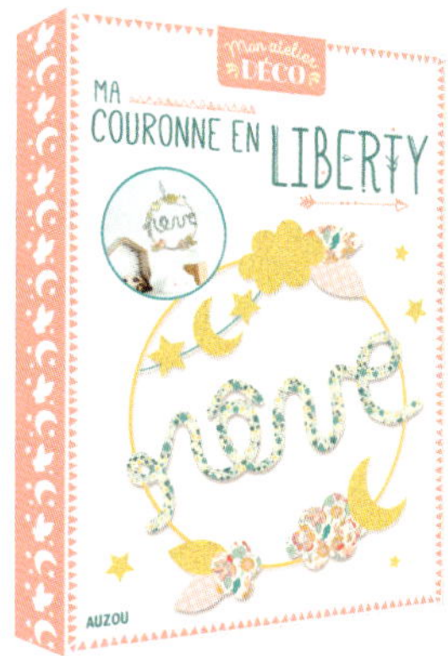

Ma couronne en Liberty

Maude Guesné

1 cercle doré • Fil de fer • Ruban en Liberty • Papiers dorés et imprimés

• Prix de vente conseillé : 16,95 €

Mon tableau tropical

Gaël Le Neillon

1 tambour en bois • Feuilles néon et dorées • Attaches parisiennes • Pastilles autocollantes **• 14,95 €**

Mes décorations en perles à repasser

Maude Guesné

2500 perles **• 16,95 €**

Mon merveilleux attrape-rêves

Maude Guesné

Plumes • Perles • Cercles en bois **• 16,95 €**

Papertoys

dès 7 ans | 220 x 300 mm • 44 pages • Poster : 770 x 600 mm | 9,95 €

9782733853511

La maison de la famille souris

Hélène Jourdain

225 x 290 mm • 20 planches de Papertoys • 2 planches d'autocollants • **14,50 €**

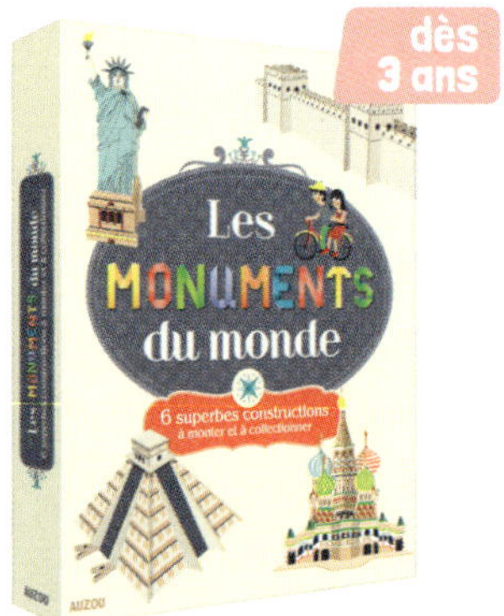

9782733842942

Les monuments du monde

Émilie Lapeyre / Jonas Le Saint

270 x 290 mm • Livre : 215 x 280 mm • 12 planches de carton de 2 mm • **19,95 €**

9782733857205

Mes instruments de musique en Papertoys

Bénédicte Le Loarer / Émilie Lapeyre

9782733843970

Les engins de l'espace et l'univers en Papertoys

Emmanuel le Ousset / Thomas Tessier

9782733839133

Les transports du monde en Papertoys

Jonas Le Saint / Rozenn Bothuon

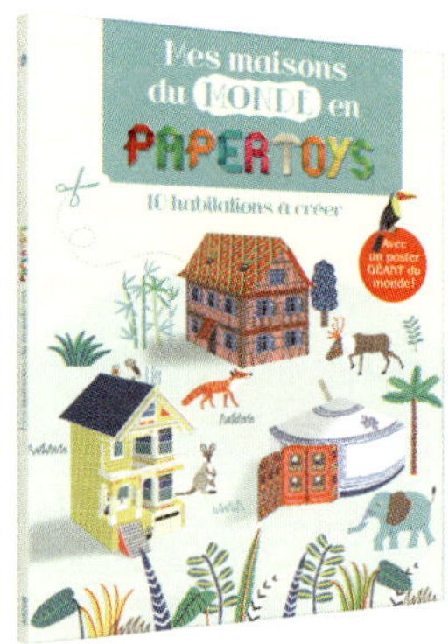

9782733851692

Mes maisons du monde en Papertoys

Bénédicte Le Loarer / Jonas Le Saint / Émilie Lapeyre

Mes monuments de Paris en Papertoys

Jonas Le Saint / Rozenn Bothuon

9782733824405

Mes monuments de France en Papertoys

Bénédicte Le Loarer / Rozennn Bothuon • **10,95 €**

9782733830550

Mes monuments du monde en Papertoys

Jonas Le Saint / Rozenn Bothuon

9782733824399

Mon calendrier de l'avent créatif

dès 7 ans

Un magnifique calendrier de l'avent créatif qui offre 24 surprises créatives d'une qualité exceptionnelle.

NOUVEAU

9 782733 886878

Mon calendrier de l'avent créatif
Holly Maguire
265 x 365 mm • 4 bijoux à confectionner • 1 bloc-notes adhésif • 3 pin's • 3 tampons en bois • une guirlande • un stylo à paillettes ... **• 29,95 €**

Mon journal à personnaliser

Un coffret papeterie pour customiser son propre journal.

dès 7 ans

9 782733 859650

Mon journal personnel à customiser
Sandrine Monnier
227 x 288 mm • Carnet de 144 pages • Planches d'autocollants • Carnets de post-it • Tampons • Encre, stylo et fil • **17,50 €**

Mon premier atelier de couture

Un coffret pour personnaliser son joli sac en tissu grâce au livre pas à pas.

dès 7 ans

9 782733 862858

Mon premier atelier de couture
Catherine Guidicelli / Flora Waycott
280 x 200 x 35 mm • Livre pas à pas de 36 pages • Tote bag • Ciseaux • Fils de couleurs • Cordons et tissu en Liberty... • **19,95 €**

Hors collection

dès 7 ans

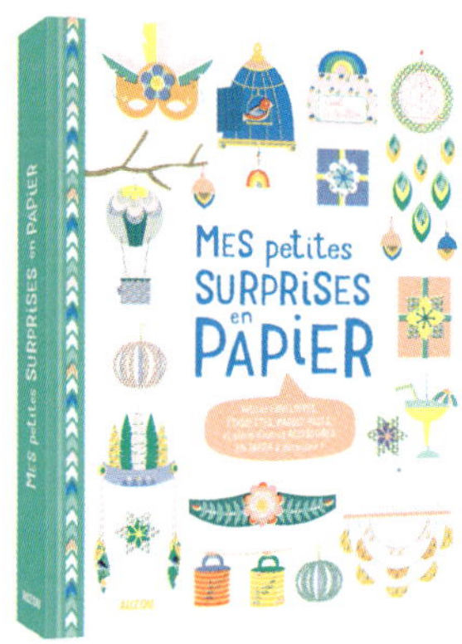

9 782733 876787

Mes petites surprises en papier
Gaël Le Neillon
175 x 245 mm • 165 pages dont 50 planches prédécoupées **• 16,95 €**

PAPETERIE

Ma papeterie créative dès 7 ans

Une gamme de papeterie créative magnifiquement illustrée, avec des matériaux qualitatifs.

Capsule félins

Nadia Taylor

NOUVEAU

Mon agenda créatif - 2020-2021
125 x 185 mm • Couverture souple • 304 pages • 100 autocollants
• **Prix de vente conseillé : 9,95 €**

Mes p'tits accessoires de papeterie
200 x 80 mm • boite avec compartiments • 1 crayon, 1 gomme, 1 taille-crayons, 1 masking tape, 1 mini bloc-notes • **Prix de vente conseillé : 9,95 €**

Mes p'tits pin's
cartonnette 10 x 10 mm • 4 pin's
• **Prix de vente conseillé : 7,95 €**

Mon joli semainier pour m'organiser
295 x 210 mm • bloc de 55 feuilles • 300 autocollants • **Prix de vente conseillé : 9,95 €**

Ma jolie trousse - Félins
200 x 90 mm • tissu
• **Prix de vente conseillé : 4,95 €**

Ma papeterie créative dès 7 ans

Une gamme de papeterie créative magnifiquement illustrée, avec des matériaux qualitatifs.

Capsule océan

Paula McGloin

9782733879085

Mon carnet secret - Océan
150 x 210 mm • 160 pages • couverture rigide • fermeture cadenas • **9,95 €**

9782733879092

Mon merveilleux bloc-notes - Océan
180 x 180 mm • 100 pages • 1 crayon • **Prix de vente conseillé : 9,95 €**

9782733879108

Mon p'tit carnet d'autocollants - océan
100 x 150 mm • 100 autocollants • **Prix de vente conseillé : 4,95 €**

Capsule jungle

Paula McGloin

9782733869086

Mon carnet secret
155 x 215 mm
• Couverture rigide
• 1 cadenas
• 160 pages • **9,95 €**

9782733869093

Mon joli carnet à broder
160 x 210 mm • 1 aiguille, 2 couleurs de fil, 2 sachets de sequins et l'enfile-aiguille • 110 pages • **Prix de vente conseillé : 9,95 €**

9782733869109

Mes petites notes
105 x 160 mm • 50 feuillets • **Prix de vente conseillé : 7,95 €**

Fournitures scolaires

Orianne Lallemand / Éléonore Thuillier

NOUVEAU

dès 3 ans

9782733884287

La blouse de Loup
470 x 310 mm
• 14,95 €

dès 3 ans

9782733880142

Mon pot à crayons Loup
80 x 105 mm • Métal
• 3,50 €

dès 6 ans

9782733880111

Mon cahier d'écriture Loup
170 x 220 mm • 32 pages
• 1,50 €

dès 6 ans

9782733872611

Mon grand cahier Loup
240 x 320 mm • 96 pages
• 3,99 €

dès 6 ans

3261900001239

Mon petit cahier Loup
170 x 220 mm • 96 pages
• 1,99 €

Fournitures scolaires

Orianne Lallemand / Éléonore Thuillier

9782733880135

dès 6 ans

Mes étiquettes Loup
30 étiquettes
• 5 €

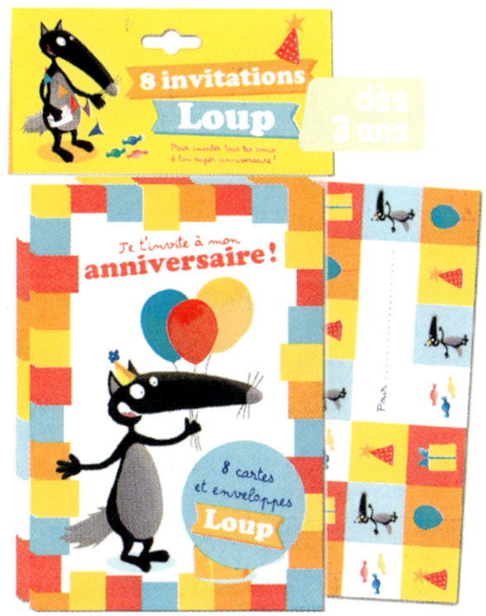

9782733841044

dès 3 ans

Cartes postales Anniversaire Loup
Cartes pliées : 155 x 110 mm
• Enveloppes : 165 x 120 mm
• **7,50 €**

Mon carnet Loup

dès 6 ans | 130 x 210 mm • 160 pages | 9,95 €

Une collection chic à la finition soignée !

Orianne Lallemand / Éléonore Thuillier

9782733872529

Life's so exciting

9782733874813

I hate Mondays

Mes cahiers de texte

170 x 220 mm • Couverture souple • 160 pages

dès 5 ans

9782733880128

Mon cahier de textes Loup
Orianne Lallemand / Éléonore Thuillier
• **7,50 €**

dès 6 ans

9782733881064

Agenda de texte 100% blagues
Zoé Plane
• **7,95 €**

Mes agendas

dès 6 ans

125 x 180 mm • Couverture souple • 304 pages

8,95 €

9782733880432

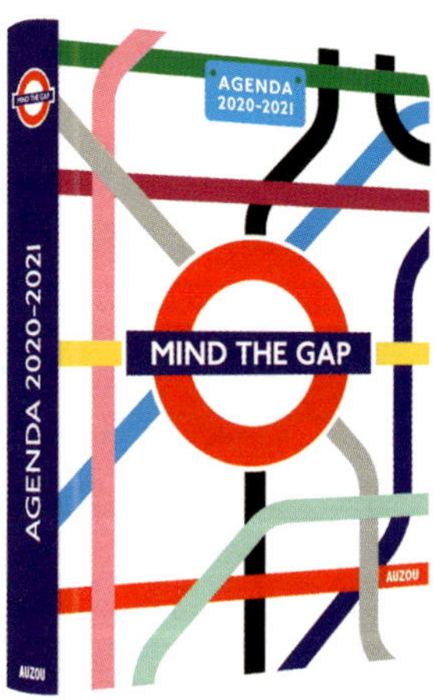

Agenda Mind the Gap 2020-2021
TFL

9782733880449

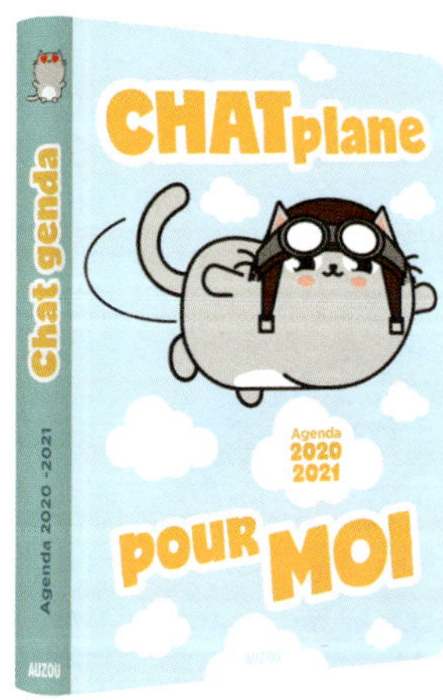

Agenda Chatplane 2020-2021
Sabeur Drissi

Mes agendas

dès 6 ans | 125 x 180 mm • Couverture souple • 304 pages | 8,95 €

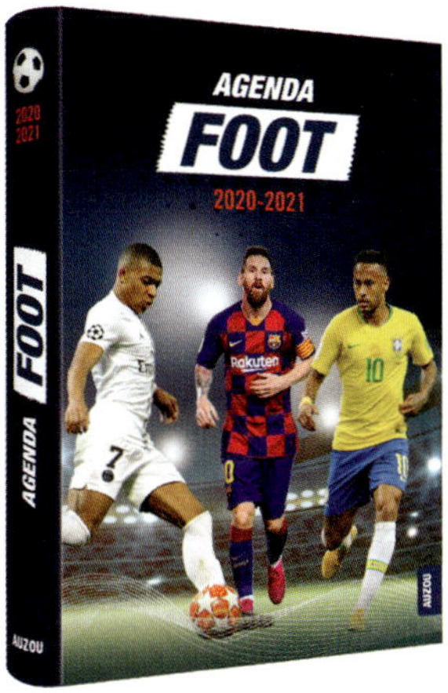

Agenda foot 2020-2021
Collectif

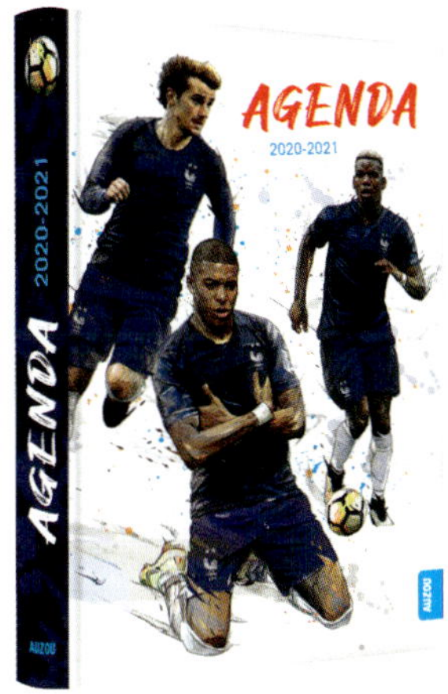

Agenda équipe de France de football 2020-2021
Yann Dalon

Agenda Caticorn 2020-2021
Ophélie Ortal

Agenda I want to be a Unicorn 2020-2021
Collectif

Agenda à sequins 2020-2021
Collectif
• 9,95 €

Mes flaps découverte

dès 2 ans | 180 x 180 mm • Tout-carton silhouetté à flaps | 7,95 €

Des flaps pour explorer les thématiques-passion des plus petits !

NOUVEAU

Les animaux
Sally Payne

La ferme
Shirley Rusli

Les couleurs
Lemon Ribbon

Mon coffret découverte

dès 2 ans | 320 x 220 x 60 mm • Livre tout-carton de 24 pages • Puzzle et poster : 600 x 400 mm | 24,95 €

Des coffrets ludiques et éducatifs pour les tout-petits composés d'un livre, d'un puzzle en bois dans un sachet en tissu et d'un poster.

Je découvre les animaux du monde
Shirley Rusli

Mon premier abécédaire
Lemon Ribbon

Coffret documentaire

dès 5 ans | 19,95 €

Un livre de photos et des animaux à jouer
pour explorer des thématiques-passion.

9782733862704

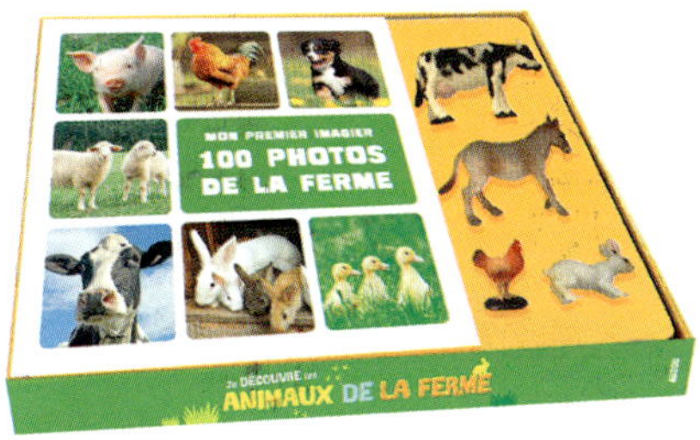

Je découvre les animaux de la ferme
Collectif

Mon premier animalier

dès 3 ans

255 x 255 mm • 104 pages | 14,95 €

Une collection riche de photos d'animaux, facilement
identifiables, pour une approche réaliste.

9782733865897

Mon premier imagier de la ferme
Collectif

9782733859674

Mon premier animalier du monde
Collectif

Mon premier doc

dès 3 ans | 210 x 210 mm • 32 pages | 5,95 €

Des photos pour expliquer le monde aux plus petits,
de façon claire et réaliste.

Irena Aubert

Les fêtes du monde

9782733877487

Mes premiers aliments

9782733866375

Le chantier

9782733865293

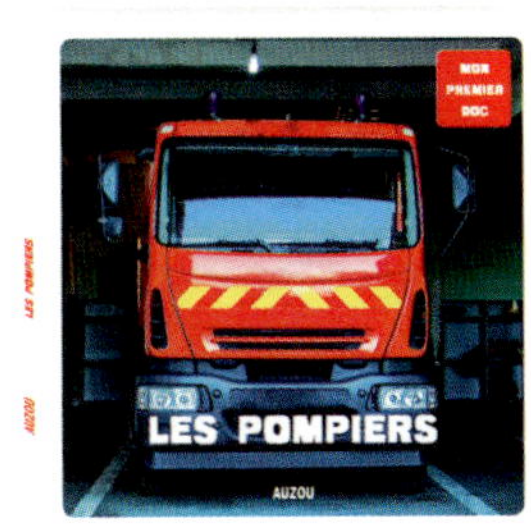

Les pompiers

9782733861981

Mon premier animalier

dès 3 ans | 210 x 210 mm • 32 pages | 5,95 €

Une collection focus de photos sur les animaux dans leur milieu naturel.
Une approche réaliste et concrète !

9782733879337

Les animaux minuscules
Irena Aubert

9782733865286

Les animaux nocturnes
Collectif

9782733861974

Les animaux minuscules sur terre
Collectif

9782733861967

Les animaux minuscules des airs
Collectif

9782733861998

Les poissons
Irena Aubert

9782733839621

Les animaux du cirque
Collectif

9782733841006

Les insectes
Jérôme Carrier

9782733833926

Les animaux incroyables
Patrick David

9782733829387

Les requins
Patrick David

9782733815984

Les animaux de compagnie
Patrick David

9782733815960

La jungle et la savane
Patrick David

9782733815953

Les bébés animaux sauvages
Patrick David

Mon premier animalier

dès 3 ans | 210 x 210 mm • 32 pages | 5,95 €

Patrick David

9782733815991

Les animaux de la ferme

9782733816929

La montagne et forêt

9782733816950

Les animaux à protéger

9782733820056

Les chiens

9782733824931

Les animaux de la mer

9782733816936

Les dinosaures

9782733815977

Les animaux géants

9782733820063

Les chats

9782733824948

Les oiseaux

9782733816912

Le désert et la glace

9782733820070

Les chevaux et poneys

Mon très grand animalier du monde

dès 7 ans

9782733857489

Mon très grand animalier du monde
Jérôme Carrier
345 x 270 mm
• 96 pages
• **12,95 €**

Mon herbier

dès 7 ans

Un bel herbier à confectionner et 4 livrets qui donnent une multitude d'informations sur près de 80 arbres.

9782733860045

Mon herbier
Alain Pontoppidan / Mélissa Pigois
320 x 240 mm
• 124 pages
• 4 livrets documentaires détachables et 1 herbier central
• **19,95 €**

Les sons de la nature

dès 6 ans

270 x 310 mm • 22 pages • 10 puces sonores

19,95 €

Des Beaux-Livres magnifiquement illustrés et agrémentés de sons de haute qualité.

Robert Hunter

NOUVEAU

9782733877289

Le monde des océans

9782733868225

Le monde des forêts

9782733866733

Le monde des oiseaux

Loupe magique

dès 7 ans | 235 x 340 mm • 22 pages • 4 grandes loupes à manipuler | 17,95 €

Une collection originale à animation unique, dès la couverture : une loupe à déplacer pour zoomer sur différents éléments !

NOUVEAU

9782733879344

Dinosaures
Camilla de la Bedoyere / Donough O'Malley

9782733880890

Corps humain
Nancy Dickmann / Adam Howling

Soulève les rabats

dès 7 ans | 240 x 310 mm • 5 doubles-pages | 9,95 €

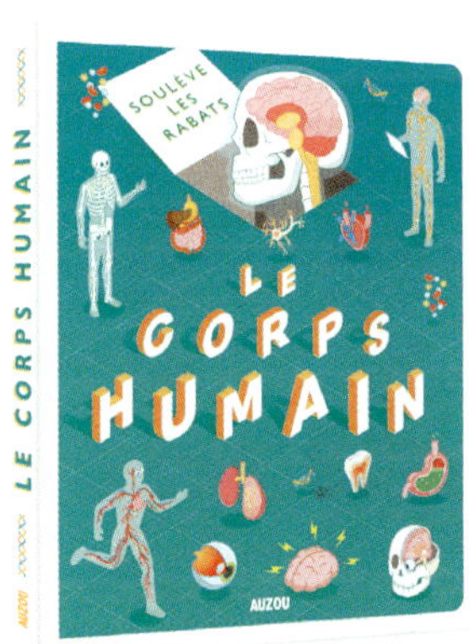

9782733875629

Corps humain
Marnie Willow / Diego Vailsberg

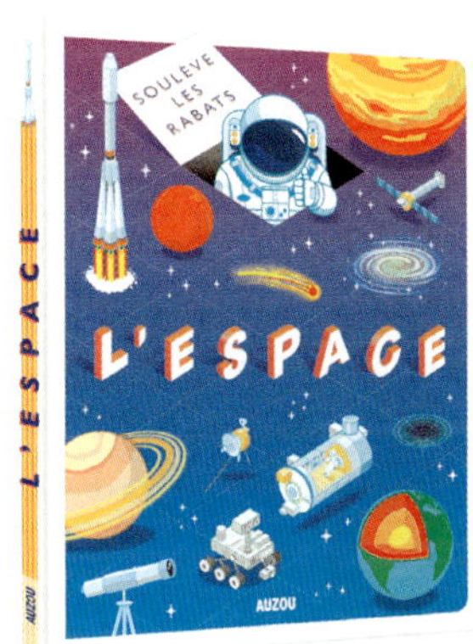

9782733875612

L'espace
Marnie Willow / Diego Vailsberg

L'anthologie illustrée

dès 7 ans | 276 x 216 mm • 224 pages • Couverture reliée | 19,95 €

Des magnifiques livres documentaires portés par des textes captivant, des photos à couper le souffle et des illustrations détaillées.

NOUVEAU

L'anthologie illustrée de l'univers mystérieux
Will Gater /
Angela Rizza, Daniel Long

L'anthologie illustrée de la nature extraordinaire
Ben Hoare /
Daniel Long, Angela Rizza

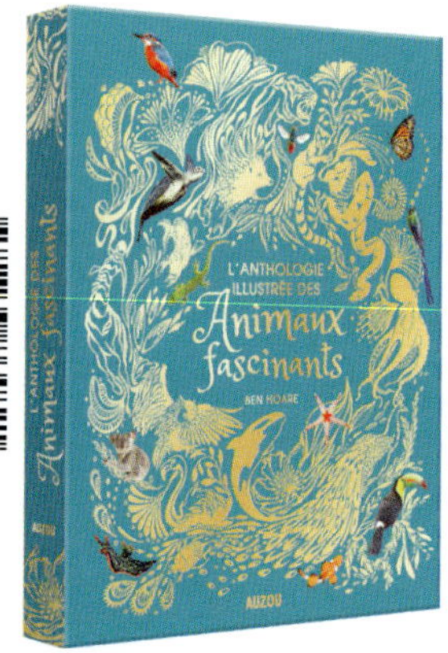

L'anthologie illustrée des animaux fascinants
Ben Hoare /
Daniel Long, Angela Rizza,
Daniella Terrazzini

Tous à bord du Discovery Express !

dès 6 ans | 315 x 260 mm | 19,95 €

De beaux albums documentaires qui invitent à partir sur les traces des inventions des transports les plus révolutionnaires de l'Histoire.

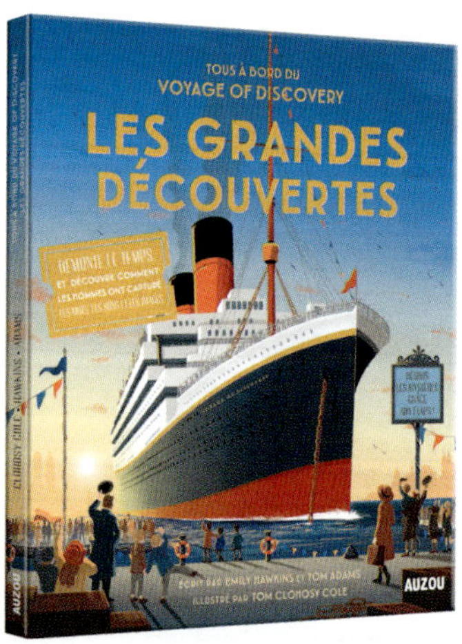

Les grandes découvertes
Emily Hawkins /
Tom Adams / Tom Clohoshy-Cole

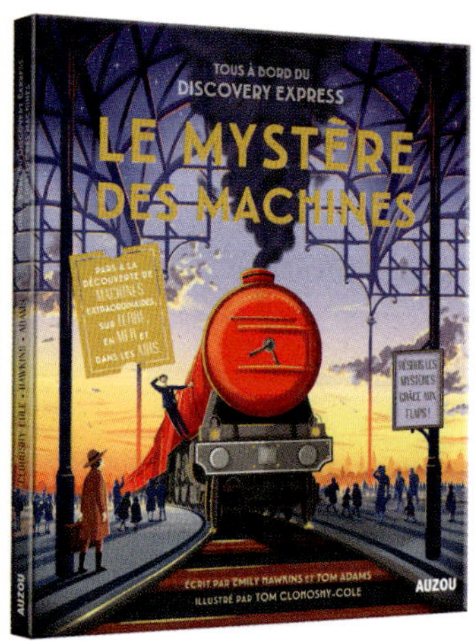

Le mystère des machines
Emily Hawkins /
Tom Adams / Tom Clohoshy-Cole

Le grand livre dès 8 ans

190 x 260 mm • 224 pages

Un florilège illustré des meilleures histoires à partager avec ses amis !

NOUVEAU

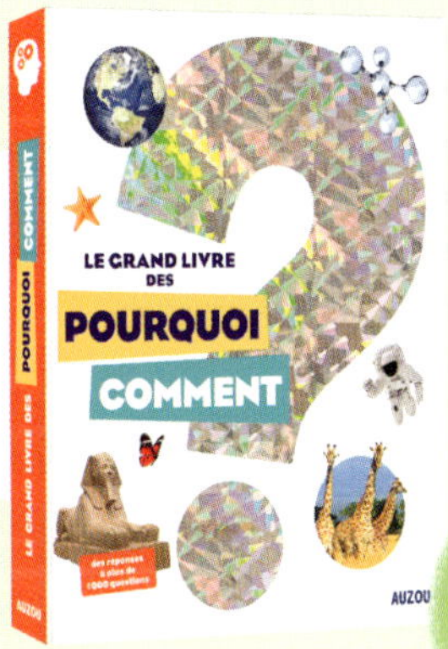

Le grand livre des pourquoi comment
Patrick David
220 x 275 mm
• 280 pages
• **17,95 €**

NOUVELLE ÉDITION

Le grand livre des créatures fantastiques
Sophie Blitman
• **14,95 €**

Le grand livre des blagues
Pascal Naud / Mon'ry
• **12,95 €**

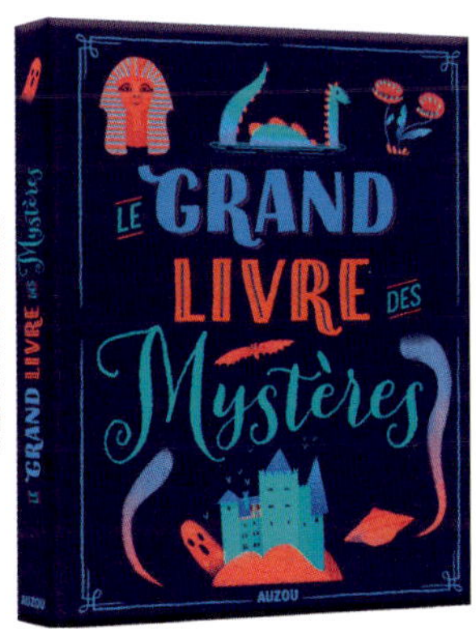

Le grand livre des mystères
Sophie Blitman
• **14,95 €**

À la découverte de

dès 7 ans

230 x 327 mm • 64 pages • Pièces magnétiques • 1 plateau aimanté

19,95 €

NOUVEAU

À la découverte des chevaux
Irena Aubert / Jessica Secheret

À la découverte des avions
Patrick David / Studio Muti / Patrick Morize

À la découverte du monde
Patrick David / Eugénie Varone / Jorge del Corral

À la découverte de la carte de France
Michel Mouton-Barrère / Eugénie Varone

À la découverte de

dès 7 ans

230 x 327 mm • 64 pages • Pièces magnétiques • 1 plateau aimanté

19,95 €

9782733870266

À la découverte de l'espace
Adèle Pédrola / Thomas Teissier

9782733852118

À la découverte du corps humain
Adèle Pédrola / Amandine Wanert

9782733852095

À la découverte des pirates
Jean-Michel Billioud / Maud Bihan / Pascal Phan

9782733862841

À la découverte des dragons
Katerine Quénot
Jenna Vincent, Andrey Atuchin

9782733852125

À la découverte des dinosaures
Audrey Atuchin / Emmanuelle Ousset

Les cahiers de vacances | dès 7 ans | 200 x 270 mm • 64 pages | **4,95 €**

Je progresse en vacances

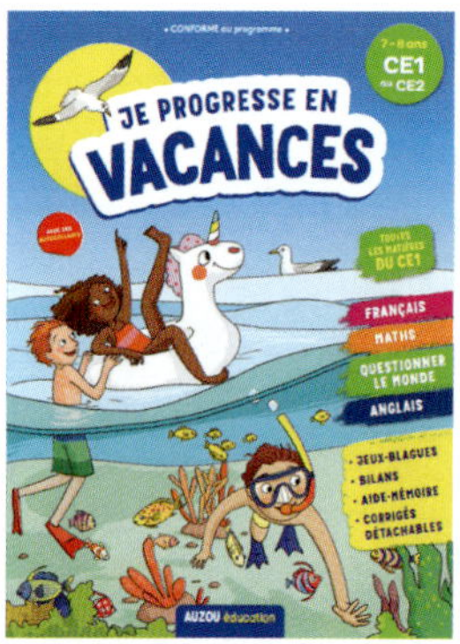

Du CE1 au CE2
E. Maraillac / L. Audouin / C. Delvaux
9782733879825

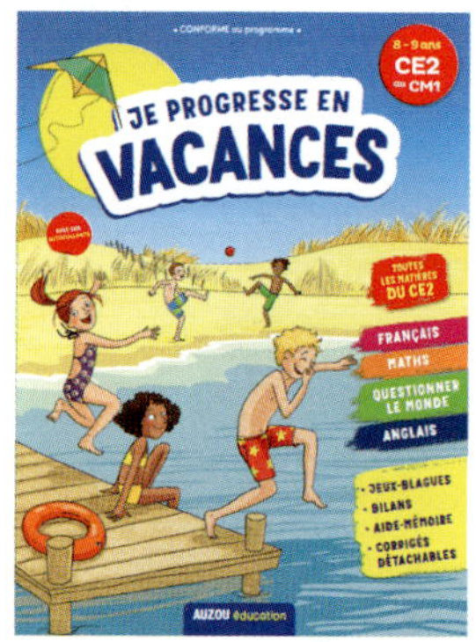

Du CE2 au CM1
E. Montigny / C. Ayrault / C. Delvaux
9782733879801

Du CM1 au CM2
F. Bessin, E. Vallée / L. Audouin / C. Delvaux
9782733879818

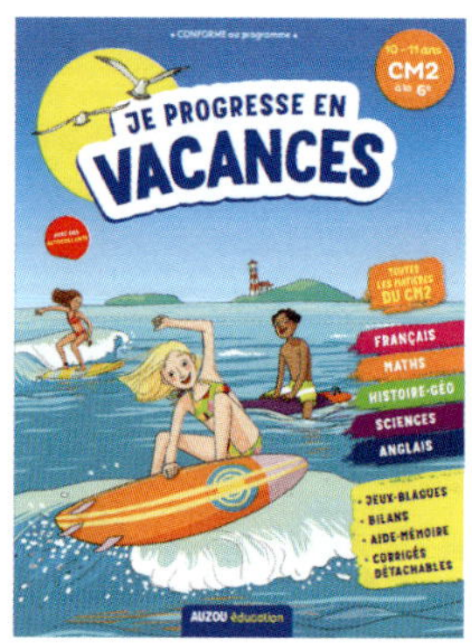

Du CM2 à la 6e
L. Vincenot / C. Ayrault / C. Delvaux
9782733879832

Les cahiers de vacances

dès 2 ans | 200 x 270 mm • 1 planche d'autocollants | 4,95 €

Loup et P'tit Loup

Orianne Lallemand / Éléonore Thuillier

Mon premier cahier de vacances P'tit Loup
Textes pédagogiques :
F. Giraud / N. Cura • 36 pages

9782733878392

Je rentre en petite section avec Loup
Textes pédagogiques : N. Cura /
T. Siegfriedt / M. Gene • 36 pages

9782733879955

Je rentre en moyenne section avec Loup
Textes pédagogiques : AF. Tapella /
T. Siegfriedt / AC. Couval • 36 pages

9782733870488

Je rentre en grande section avec Loup
Textes pédagogiques : MC. Jensen /
T. Siegfriedt / AC. Couval • 36 pages

9782733879979

Je rentre en CP avec Loup (anglais)
Textes pédagogiques : AF. Tapella /
L. Lefèvre / A. Perrot • 48 pages

9782733879986

Je rentre en CP avec Loup (allemand)
Textes pédagogiques : S. Wendling /
L. Lefèvre / A. Perrot • 48 pages

9782733870518

Je rentre en CE1 avec Loup
Textes pédagogiques : S. Wendling /
L. Lefèvre / A. Perrot • 48 pages

9782733880005

Je rentre en CE2 avec Loup
Textes pédagogiques : A. Rémond /
C. Digne • 48 pages

9782733880012

Enquêtes en vacances

dès 6 ans | 200 x 245 mm • 48 pages | 5,95 €

20 enquêtes à résoudre : pour s'amuser tout en révisant le programme scolaire !

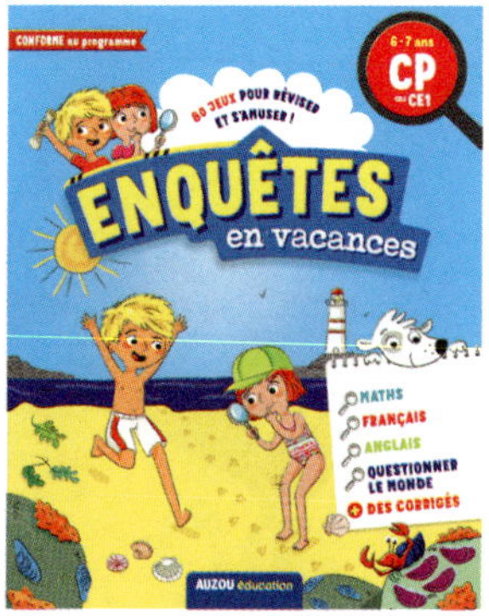

9 782733 882504

Du CP au CE1
Ill. : A. Turquois

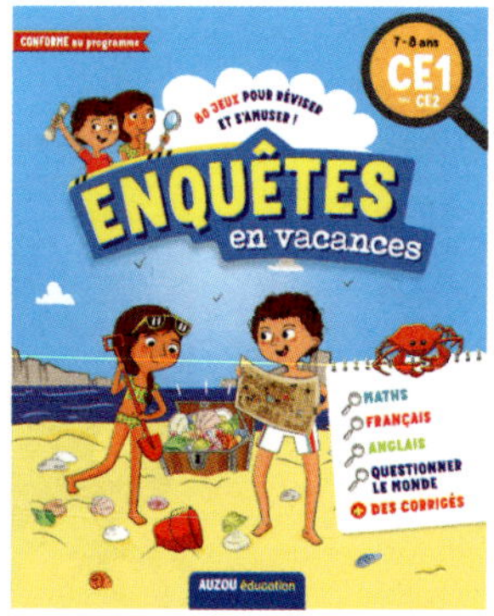

9 782733 882528

Du CE1 au CE2
Ill. : A. Turquois

9 782733 882542

Du CE2 au CM1
D. Lelong / Ill. : A. Turquois

Mon livre-ardoise

dès 3 ans | 270 x 215 mm • tout-carton • livre-ardoise • feutre et feuilles effaçables • 16 pages | 7,50 €

Orianne Lallemand / Éléonore Thuillier

Je trace les lettres bâton majuscules avec P'tit Loup

9 782733 876831

Je trace les lettres minuscules avec P'tit Loup

9 782733 866528

Je trace mes premiers chiffres avec P'tit Loup

9 782733 860847

Je trace mes premières formes avec P'tit Loup

9 782733 857519

Mon cahier de soutien **dès 5 ans**

280 x 220 x 12 mm • couverture souple avec rabats contenant des mémentos

Pour accompagner les progrès de l'enfant sur toute l'année scolaire.

Orianne Lallemand / Éléonore Thuillier

Mon année de moyenne section avec Loup

Textes pédagogiques : S. Dumée / C. Marchand

104 pages • 1 poster • **7,90 €**

9 782733 866474

Mon année de grande section avec Loup

Textes pédagogiques : B. Doucet / A. Kalicky

104 pages • 1 poster• **7,90 €**

9 782733 866481

Mon année de CP avec Loup

Textes pédagogiques : S. Bakewell / S. Dumée / A. Perrot

264 pages • 1 livret des corrigés• **9,50 €**

9 782733 867013

Mon cahier d'écriture avec Loup

230 x 230 mm • Piqué métal sans rabats • 1 poster • Textes pédagogiques : M. Gené • 34 pages • **4,95 €**

9 782733 866498

Mon cahier de calcul avec Loup

230 x 230 mm • Piqué métal sans rabats • 1 poster • Textes pédagogiques : T. Siegfriedt • 40 pages • **4,95 €**

9 782733 876602

Les héros du CP

dès 5 ans | 147 x 190 x 5 mm • 32 pages | 4,95 €

Des romans conçus par des enseignants pour apprendre à lire
et devenir un super-héros de la lecture !

NOUVEAU

Niveau 1

Vive l'école !
Alexia Romatif /
Joëlle Dreidemy

Niveau 1

Sortie à la ferme
Marie-Désirée Martins /
Joëlle Dreidemy

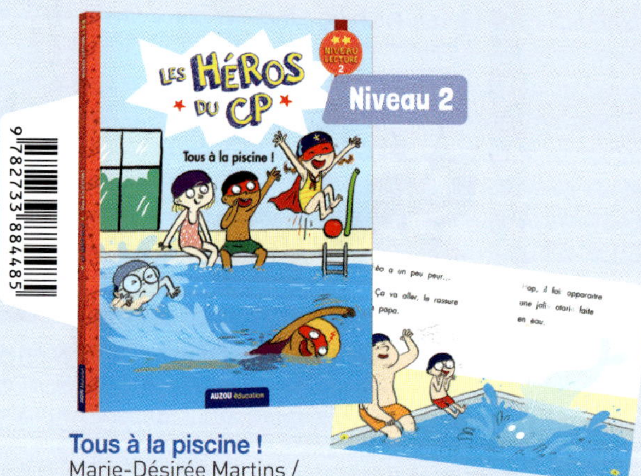

Niveau 2

Tous à la piscine !
Marie-Désirée Martins /
Joëlle Dreidemy

Mes lectures du CP avec Loup

dès 6 ans | 147 x 190 x 5 mm • 40 pages | 5,50 €

Une collection de premières lectures pédagogiques 100% Loup pour les enfants rentrant à l'école primaire.

Orianne Lallemand / Éléonore Thuillier / Illustrations : Sess

Le fabuloup gâteau de Gros-Louis

9 782733 881729

Alfred et le monstre de la forêt

9 782733 881736

La drôle de maladie de Demoiselle Yéti

9 782733 877906

Le secret de Joshua

9 782733 877166

L'anniversaire de Louve

9 782733 869307

La machine à vœux de Valentin

9 782733 869314

Délie mes mots

dès 6 ans | 190 x 260 mm • 23 pages | 13,00 €

Une collection conçue à l'attention des enfants qui éprouvent des difficultés de lecture mais aussi pour les enfants dyslexiques.

Max et le cirque aux papillons
Audrey Jacqmin / Castro
9782733841679

Tom et le trésor de Mokodo
Audrey Jacqmin / Romain Mennetrier
9782733841686

Malo et le défi de Carabelle
Audrey Jacqmin / Nancy Ribard
9782733810590

Malo et le baobab magique
Audrey Jacqmin / Nancy Ribard
9782733812990

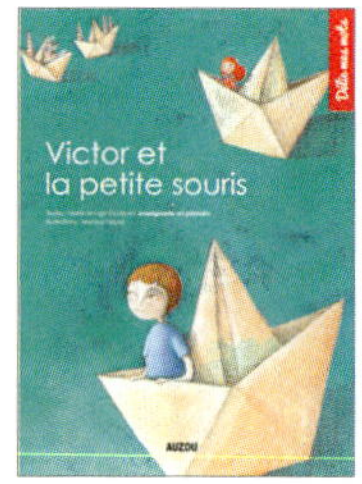

Victor et la petite souris
Marie-Nuage Giudicelli / Martina Peluso
9782733821664

Victor et les amulettes
Marie-Nuage Giudicelli / Martina Peluso
9782733810132

Victor et la fée Linotte
Marie-Nuage Giudicelli / Martina Peluso
9782733811740

Mes autocollants malins éducatifs

dès 6 ans | 220 x 295 mm • 20 pages | 5,95 €

Une collection de stickers repositionnables pour apprendre sur le monde qui nous entoure.

9782733868577

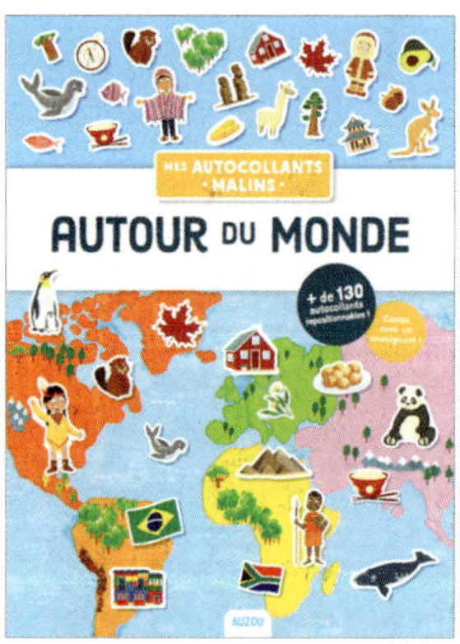

Autour du monde
Julien Milési / Angelika Scudamore

9782733868560

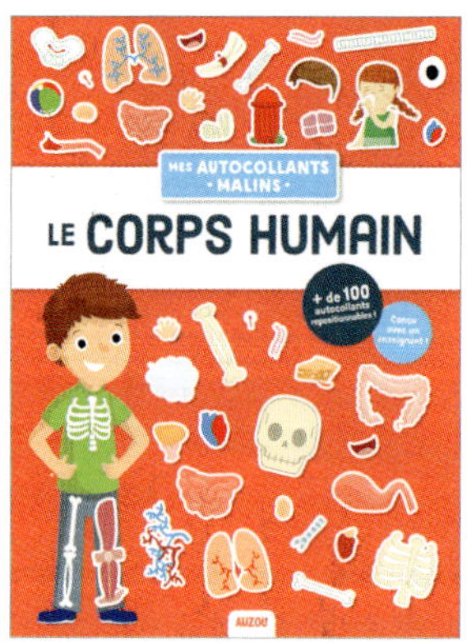

Le corps humain
Julien Milési / Ed Meyer

9782733868584

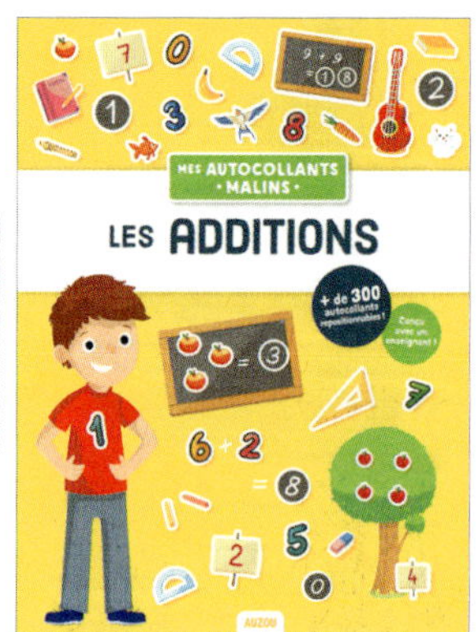

Les additions
Julien Milési / Manu Surein

Jeux éducatifs | dès 6 ans | 10,95 €

Des boîtes contenant de nombreux défis ludiques pour apprendre tout en s'amusant !

Découvrez nos jeux en vidéo sur notre chaîne Youtube :
Jeux Auzou
YouTube

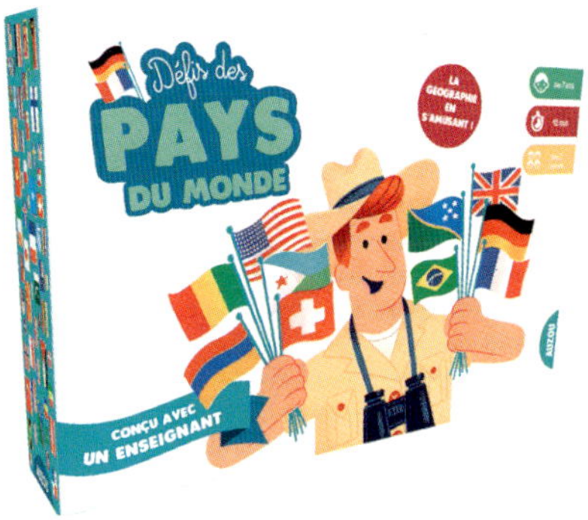

Défis des pays du monde

Chris Chatterton
120 x 180 x 36 mm • 100 cartes
9 782733 869437

Défis lecture

Peskimo
120 x 180 x 36 mm • 120 cartes
9 782733 869420

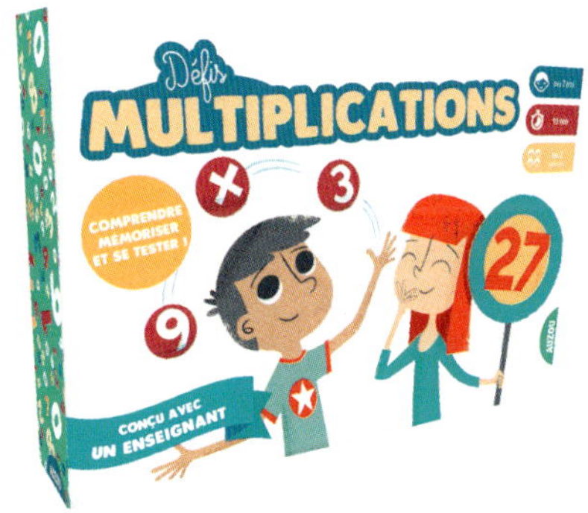

Défis multiplications

Peskimo
120 x 180 x 36 mm • 100 cartes
9 782733 869413

Défis additions et soustractions

Maud Letellier / Sanaa Legdani
120 x 180 x 36 mm • 100 cartes
9 782733 878279

NOUVEAU

9 782733 879795

Défis anglais

Maud Letellier / Peskimo
120 x 180 x 36 mm • 102 cartes

Dictionnaires 19,95 €

Un premier dictionnaire, grand format, pour découvrir la richesse de la langue française !

dès 5 ans

9782733845301

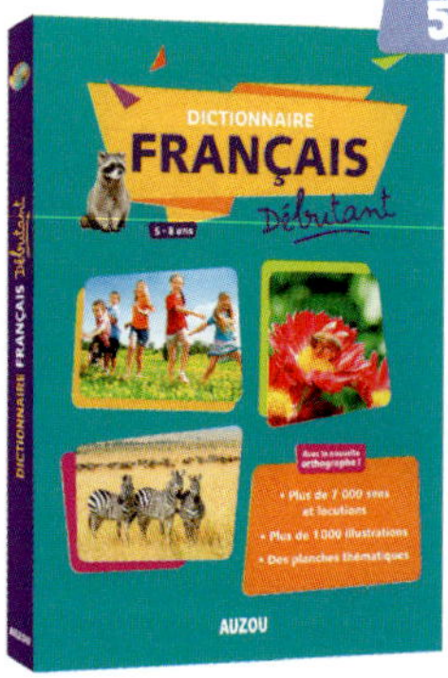

Dictionnaire français débutant
Collectif
210 x 285 mm • 216 pages

Un dictionnaire grand format pour enrichir son vocabulaire et préparer son entrée au collège.

dès 7 ans

9782733845295

Dictionnaire français junior
Collectif
210 x 285 mm • 280 pages

dès 5 ans

9782733855782

Dictionnaire Auzou des débutants
150 x 235 mm
• 216 pages • **14,95 €**

dès 7 ans

9782733862063

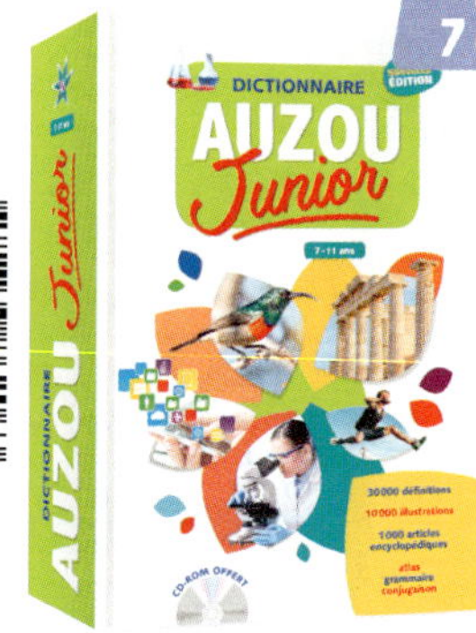

Dictionnaire Auzou junior
150 x 230 mm • 1232 pages
• **15,50 €**

dès 7 ans

210 x 285 mm • 268 pages • 10 000 mots et expressions

9782733843437

Dictionnaire espagnol-français illustré
Collectif

9782733840092

Dictionnaire de français illustré
Collectif

dès 11 ans

9782733847749

Dictionnaire Auzou collège
220 x 145 mm • 1808 pages
• Un dictionnaire conçu pour les collégiens avec des lexicographes et des professeurs du collège. 65 000 définitions, 10 000 noms propres et de nombreux encarts.
• **16,95 €**

dès 7 ans

9782733858790

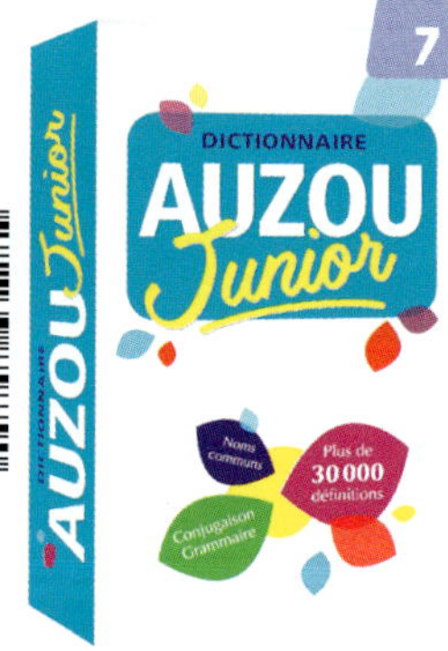

Dictionnaire Auzou junior de poche
105 x 175 mm • 936 pages
• **8,90 €**

Dictionnaires

Collectif

Dictionnaire encyclopédique Auzou (édition 2020)

146 x 220 mm • 2240 pages
• Un ouvrage pour se documenter, enrichir ses connaissances, préparer un exposé… Une référence !
• **19,90 €**

Avec un accès au site en ligne !

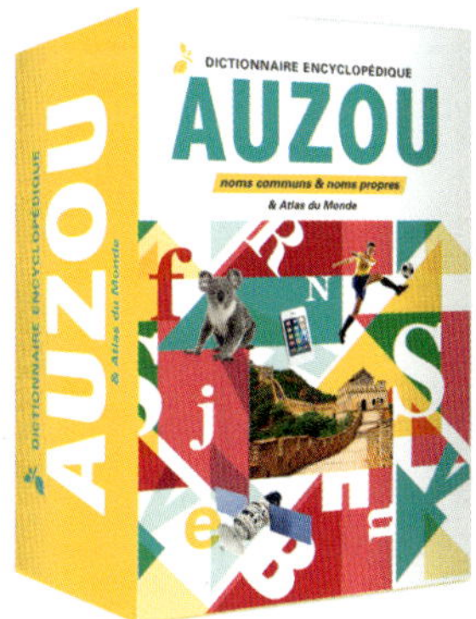

Coffret dictionnaire encyclopédique Auzou et atlas du monde (édition 2020)

Coffret : 152 x 235 mm
• 1 dictionnaire encyclopédique de 2 240 pages • 1 atlas du monde de 80 pages • **24,90 €**

Avec un dictionnaire en ligne !

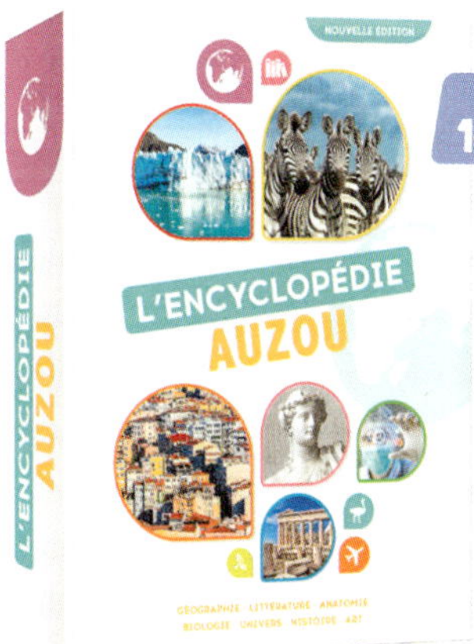

dès 14 ans

L'encyclopédie Auzou

190 x 260 mm • 768 pages
• Une encyclopédie généraliste pour approfondir ses connaissances selon le programme scolaire. • **39,60 €**

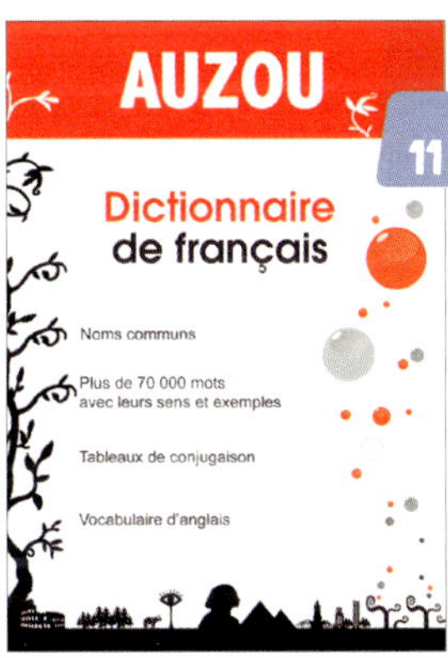

dès 11 ans

Dictionnaire de français de poche

116 x 162 mm • 736 pages
• Le perfectionnement en orthographe et la découverte de nouveaux mots à la portée de tous. • **5,95 €**

Le français, c'est facile !

Le français au CM, c'est facile !

Serge Herreman / Ewa Lambrechts
170 x 240 mm • 176 pages
• Avec des leçons, des exercices et des corrigés et des jeux !
• **8,95 €**

Le français au collège, c'est facile !

Elsa Faure-Pompey
170 x 240 mm • 280 pages
• Des leçons pour réviser, des exercices pour s'entraîner, avec leurs corrigés ! • **9,95 €**

Mon premier imagier trilingue/bilingue

dès 7 ans

195 x 265 mm • 128 pages • Couverture souple

6,50 €

Utiles et pratiques, les dictionnaires illustrés sont les outils indispensables pour enrichir son vocabulaire et mémoriser les règles de base.

Collectif

Français/Anglais/Allemand
Collectif
128 pages • 1000 mots, 1000 phrases traduites en anglais et en allemand.

Français/Corse
Collectif
128 pages • 1000 mots, 1000 phrases traduites en corse.

1001 questions réponses

dès 11 ans

1001 questions réponses
Collectif
190 x 260 mm • 512 pages
• Une encyclopédie thématique avec deux niveaux de réponse. • **24,50 €**

Atlas

NOUVEAU

dès 3 ans

Mon premier atlas en tissu
Rémy Tornior
600 x 500 x 20 mm
• Un grand planisphère à accrocher au mur qui présente les continents, et des pièces à scratcher pour découvrir le monde.
• **34,95 €**

dès 7 ans

Mon premier atlas
Collectif
250 x 290 mm • Poster : 880 x 580 mm • 80 pages
• Un atlas ludique pour faire découvrir les continents aux plus jeunes. • **12,95 €**

Atlas

NOUVEAU

dès 6 ans

Mon atlas du monde
Laureen Bouyssou
240 x 310 mm • 16 pages
• 100 rabats à soulever
• **14,95 €**

dès 9 ans

Mon atlas du monde
Patrick David
240 x 280 mm
• Poster : 880 x 580 mm
• 80 pages • 4 grands thèmes qui invitent au voyage ! • **12,95 €**

dès 11 ans

Atlas mondial
Patrick David
240 x 280 mm • 160 pages
• 4 grandes thématiques riches en informations et en cartes détaillées. • **17,80 €**

dès 7 ans

Mon tout premier atlas du monde
Sabine Elissée
240 x 280 mm • 48 pages
• Poster : 880 x 580 mm
• Une première approche de la Terre et des continents. • **11,95 €**

dès 9 ans

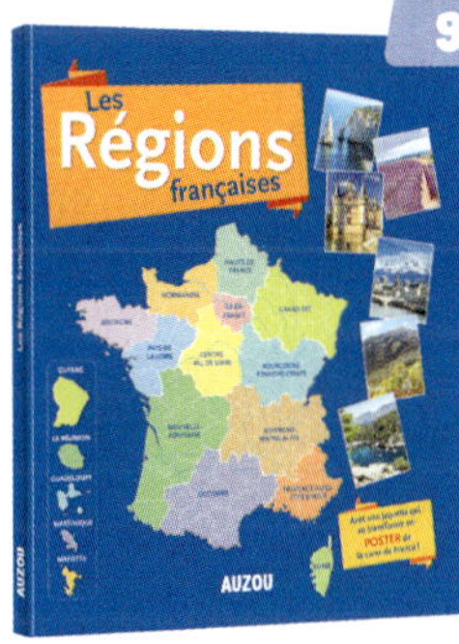

Les régions françaises
Sabine Elissée
240 x 280 mm • 80 pages
• Poster : 880 x 580 mm
• À la découverte des 13 régions françaises et les 5 DOM. • **12,95 €**

dès 8 ans

Mon p'tit atlas de Corse
Laureen Bouyssou / Élise Catros
170 x 240 mm • 32 pages
• **5,95 €**

EUROPE ET MONDE

Graine de génie

dès 4 ans | 190 x 260 mm • 48 pages | 2,95 €

Avec les leçons, les jeux et les coloriages de cette collection pour les maternelles, apprendre est un plaisir !

Collectif

9782733823583

Lecture
Moyenne Section

9782733823620

Mathématiques
Moyenne Section

9782733823606

Écriture
Moyenne Section

9782733823590

Lecture
Grande Section

9782733823637

Mathématiques
Grande Section

9782733823613

Écriture
Grande Section

Mathématiques

dès 6 ans | 5,95 €

Une collection ludique du CP au CM2 avec des leçons, exercices et corrigés pour apprendre, s'entraîner et réussir en mathématiques !

Collectif

9782733829790

CP

9782733829806

CE1

9782733829813

CE2

9782733829820

CM1

9782733829837

CM2

Mon premier imagier trilingue/bilingue

dès 7 ans

195 x 265 mm • 128 pages • Couverture souple

5,10 €

1 000 mots, 1 000 phrases ainsi que 1 000 illustrations dans chacune des langues concernées.

Collectif

9782733809457

Français/Anglais/Wolof

9782733822180

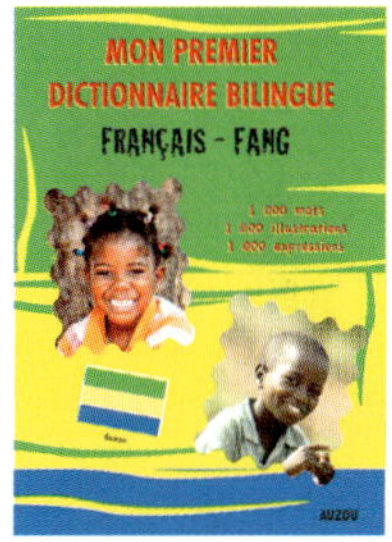

Français/Fang

9782733814499

Français/Anglais/Arabe

Mon premier imagier trilingue/bilingue

dès 7 ans

195 x 265 mm • 128 pages • Couverture souple

6,50 €

1 000 mots, 1 000 phrases ainsi que 1 000 illustrations dans chacune des langues concernées.

Collectif

9782733875278

Français/Portuguais du Brésil/Créole guyanais

9782733875261

Français/Anglais/Créole réunionnais

9782733847442

Français/Anglais/Créole martiniquais

9782733847435

Français/Anglais/Créole guadeloupéen

9782733860717

Français/Anglais/Malgache

9782733860687

Français/Anglais/Créole mauricien

9782733860724

Français/Corse

9782733860670

Français/Anglais/Espagnol

Mon premier imagier

dès 3 ans | 210 x 210 mm • 32 pages | 7,95 €

Je découvre la Guyane
Graziella Florimont-Pouvait

Je découvre la Martinique
Renée-Laure Zou

Je découvre la Réunion
Isabelle Hoarau

Je découvre la Guadeloupe
Jane Etienne

Mon premier animalier

dès 3 ans | 210 x 210 mm • 32 pages | 5,95 €

Collectif

Les animaux de la Réunion
Nouvelle édition

Les animaux des Antilles françaises

Les animaux de Guyane

Mes premières plantes

dès 3 ans | 210 x 210 mm • 32 pages | 5,95 €

La flore de la Réunion, l'Île Maurice et Mayotte
Isabelle Hoarau

La flore des Antilles
Jean-Pierre Chaville

La flore de Guyanne
Aude Désiré

Atlas dès 6 ans

Collectif

9 782733 834312

Mon premier atlas - La découverte du monde Spécial DOM

240 x 280 mm • 100 pages • **5,95 €**

Livres de cuisine dès 6 ans

Partez à la découverte des saveurs du continent africain et des îles grâce à ces recettes illustrées.

Collectif

9 782733 839191

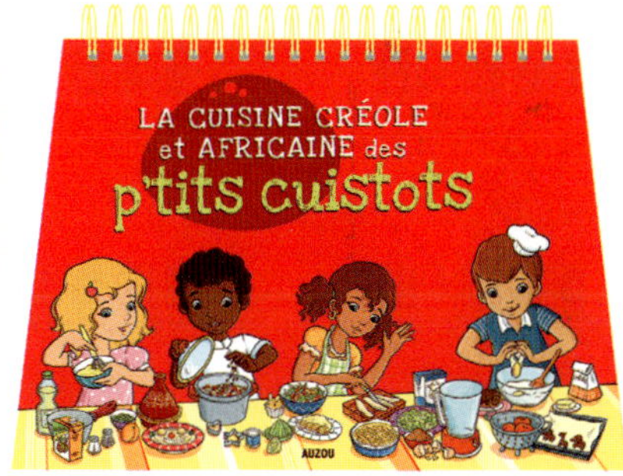

La cuisine créole et africaine des p'tits cuistots

245 x 295 mm • 122 pages • **14,95 €**

Mes p'tits albums dès 3 ans

210 x 210 mm • 32 pages **5,95 €**

Orianne Lallemand / Éléonore Thuillier

Martiniquais

9 782733 841129

Guyanais

9 782733 841136

Guadeloupéen

9 782733 841143

Les p'tits classiques en créole

dès 3 ans | 170 x 217 mm • 36 pages | 3,95 €

La belle au bois dormant

Guadeloupéen
9 782733 838495

Guyanais
9 782733 838594

Martiniquais
9 782733 838549

Réunionnais
9 782733 838440

Jacques et le haricot magique

Guadeloupéen
9 782733 838488

Guyanais
9 782733 838587

Martiniquais
9 782733 838532

Réunionnais
9 782733 838433

Boucle d'or et les trois ours

Guadeloupéen
9 782733 838464

Guyanais
9 782733 838563

Martiniquais
9 782733 838518

Réunionnais
9 782733 838419

Le Vilain Petit Canard

Guadeloupéen
9 782733 837337

Guyanais
9 782733 837276

Martiniquais
9 782733 837306

Réunionnais
9 782733 834343

Cendrillon

Guadeloupéen
9 782733 838471

Guyanais
9 782733 838570

Martiniquais
9 782733 838525

Réunionnais
9 782733 838426

Les Trois Petits Cochons

Guadeloupéen
9 782733 837351

Guyanais
9 782733 837290

Martiniquais
9 782733 837320

Réunionnais
9 782733 834329

Le Petit Chaperon rouge

Guadeloupéen
9 782733 837344

Guyanais
9 782733 837283

Martiniquais
9 782733 837313

Réunionnais
9 782733 834336

Petite poule rousse

Guadeloupéen
9 782733 838501

Guyanais
9 782733 838600

Martiniquais
9 782733 838556

Réunionnais
9 782733 838457

Mes p'tits contes en créole

dès 3 ans | 170 x 217 mm • 36 pages | 4,95 €

Une collection bilingue créole/français de contes, avec les personnages phares de la Martinique, de la Guadeloupe, de la Guyane et de La Réunion.

Créole guadeloupéen

Tiguane et le cyclone
Quincy Gane
9782733861639

Sétout
Jane Etienne / Louise Forshaw
9782733855034

L'origine du canal dans le dos
Jane Etienne / Marcela Calderon
9782733855041

NOUVEAU

Coffret 4 titres Créole guadeloupéen
Collectif
• 14,95 €
9782733889015

Créole martiniquais

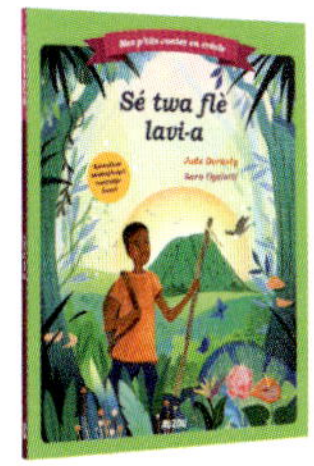

Les Trois fleurs de vie
Jude Duranty / Sara Ugolotti
9782733861615

Comment Ti-Jean est entré au Paradis
Daniel Boukman / Stéphanie Destin
9782733854983

Compère Lapin et le Grand Diable
Daniel Boukman / Marine Gosselin
9782733854976

NOUVEAU

Coffret 4 titres Créole martiniquais
Collectif
• 14,95 €
9782733889008

Mes p'tits contes en créole

dès 3 ans | 170 x 217 mm • 36 pages | 4,95 €

Une collection bilingue créole/français de contes, avec les personnages phares de la Martinique, de la Guadeloupe, de la Guyane et de La Réunion.

Créole guyanais

La grande colère de Madame la Pluie

Graziella Florimond-Pouvait / Marine Gosselin

9 782733 861653

Compère Lapin et Compère Chat-Tig

Aude Désiré / Natalia Moore

9 782733 855010

Petit Colibri et maître Baboun

Aude Désiré / Sara Ugolotti

9 782733 855027

Créole réunionnais

Gaulette-la-Pêche

Céline Huet / Élice

9 782733 861677

Ti-Jean et le dodo

Céline Huet / Sarah Lawrence

9 782733 854990

Le gardien de Bassin-bœuf

Céline Huet / Angelika Scudamore

9 782733 855003

NOUVEAU

9 782733 888988

Coffret 4 titres Créole guyanais

Collectif

• 14,95 €

NOUVEAU

9 782733 888995

Coffret 4 titres Créole réunionnais

Collectif

• 14,95 €

Cahiers de vacances

200 x 270 mm • 48 pages

4,95 €

Orianne Lallemand / Éléonore Thuillier

Je rentre en classe d'accueil avec P'tit Loup

200 x 270 mm • 36 pages • **4,95 €**

9 782733 871201

Je rentre en première maternelle avec Loup — dès 3 ans

9 782733 860892

Je rentre en deuxième maternelle avec Loup — dès 4 ans

9 782733 860908

Je rentre en troisième maternelle avec Loup — dès 5 ans

9 782733 860915

Je rentre en deuxième primaire avec Loup — dès 7 ans

9 782733 884225

Je rentre en première primaire avec Loup - Nouvelle édition

9 782733 860922

Cahiers de soutien

dès 3 ans

200 x 230 mm

4,95 €

Orianne Lallemand / Éléonore Thuillier

9 782733 878316

Mon cahier d'écriture avec Loup spécial Belgique

NOUVELLE ÉDITION

9 782733 878309

Mon cahier de calcul avec Loup spécial Belgique

BELGIQUE

Les héros de première primaire

dès 6 ans | 145 x 190 mm • 32 pages | 4,95 €

Joëlle Dreidemy

NOUVEAU

9782733887639

Vive l'école ! (niveau 1)

9782733887684

Sortie à la ferme (niveau 1)

9782733887707

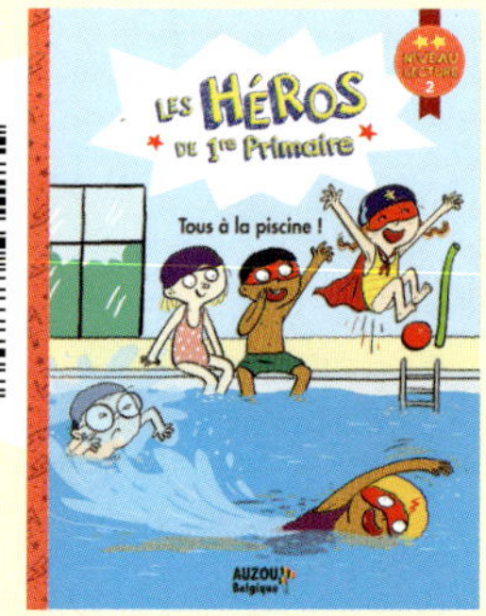

Tous à la piscine ! (niveau 2)

Mes lectures de première primaire avec Loup

dès 6 ans | 145 x 190 mm • 32 pages | 5,50 €

Orianne Lallemand / Éléonore Thuillier / Illustrations: Sess

Le fabuloup gâteau de Gros-Louis

9782733883457

Alfred et le monstre de la forêt

9782733883464

Le secret de Joshua

9782733878286

La drôle de maladie de Demoiselle Yéti

9782733878293

La machine à vœux de Valentin

9782733874189

L'anniversaire de Louve

9782733874196

Mon premier imagier français néerlandais

dès 6 ans | 32 pages | 6,50 €

1 000 mots, 1 000 phrases simples traduites en néerlandais pour mettre en situation les mots.

9 782733 875285

Mon premier imagier français-néerlandais
Sabine Wauters

Graine de citoyen belge

dès 6 ans

Petite graine de citoyen belge
Sabine Elissée / Olivier Verbrugghe / Jessica Secheret
240 x 280 mm • 32 pages • Un guide adapté aux 5-6 ans, pour découvrir les notions clés de la citoyenneté. • **6,95 €**

9 782733 853610

dès 8 ans

Graine de citoyen belge
Michel Deschamps
240 x 280 mm • 48 pages • Un guide pour aider les 8-12 ans à trouver leur place dans la vie civique. • **7,95 €**

9 782733 853627

Les aventures de Léa et Gaspard

dès 8 ans | 140 x185 mm | 5,95 €

Fabienne Blanchut / Claire Wortemann

NOUVEAU

9 782733 885116

Le trésor du Pays noir

9 782733 877135

Pas une minute à perdre !

9 782733 874172

Une aventure géante dans la Cité ardente

9 782733 868843

Sabotage sur la Grand Place

BELGIQUE

Saint-Nicolas

dès 3 ans

9 782733 874790

Mon livre-jeux avec saint Nicolas
Mathilde Paris / Audrey Brien
190 x 260 mm • 52 pages • **4,95 €**

9 782733 875735

Mon grand livre d'activités de Saint-Nicolas
Collectif
200 x 280 mm • 240 pages • **5,95 €**

9 782733 863978

Mes premiers coloriages Saint-Nicolas
Tiago Americo
210 x 210 mm • 24 pages • **3,99 €**

dès 5 ans

9 782733 853542

La légende de saint Nicolas
Sofie Kenens
210 x 185 mm • 5 pages • **10,95 €**

dès 7 ans

9 782733 856321

La légende de saint Nicolas
Xavier Deutsch / Sébastien Pelon
245 x 345 mm • 40 pages • **14,95 €**

9 782733 837122

La légende de saint Nicolas
Sophie de Mullenheim / Axelle Vanhoof
250 x 250 mm • 32 pages • Couverture mousse • **9,80 €**

NOUVEAU

dès 3 ans

9 782733 888025

Léo et Emma attendent saint Nicolas
Florence Ducatteau / Marie Vanderbemden
• **10,95 €**

Albums dès 3 ans

NOUVEAU

9782733879726

Tao fête son anniversaire
Ghislaine Biondi - Nanette Regan
210 x 210 mm • 32 pages • **5,95 €**

9782733878675

Tao va à la mer
Ghislaine Biondi - Nanette Regan
210 x 210 mm • 32 pages • **5,95 €**

9782733871775

Tao se rend chez Papi et Mamie
Ghislaine Biondi - Nanette Regan
210 x 210 mm • 32 pages • **5,95 €**

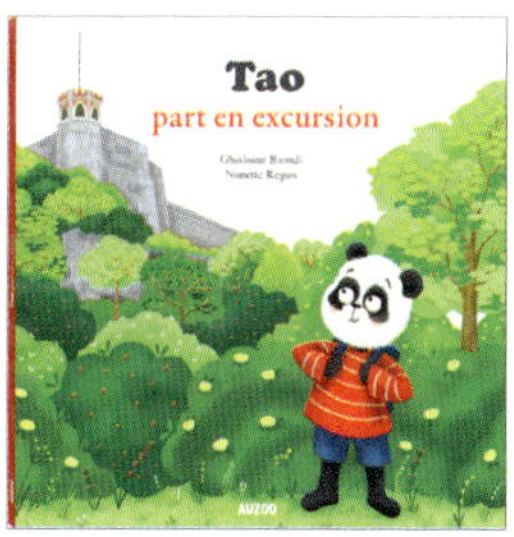

9782733861240

Tao part en excursion
Ghislaine Biondi - Nanette Regan
210 x 210 mm • 32 pages • **5,95 €**

NOUVEAU

9782733887288

Contes et légendes belges
Xavier Deutsch
250 x 200 mm • 96 pages • **14,95 €**

NOUVELLE ÉDITION

Activités dès 3 ans

Ma carte de Belgique à animer
Antoana Oreski
180 autocollants • 1 grand poster • **12,95 €**

9782733867310

Masques carnavals de Belgique
Amandine Notaert
210 x 300 mm • 4 masques • Matériel de décoration • Livret • **9,95 €**

9782733856789

Jeux

Collectif

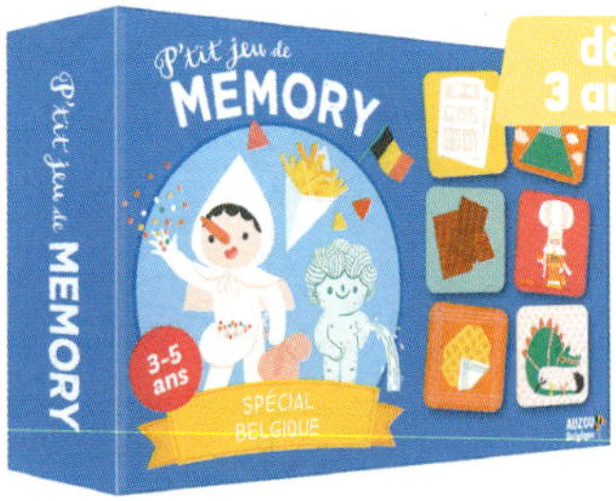

dès 3 ans

Mon p'tit jeu de memory

Collectif
180 x 120 mm • 30 cartes • 1 carnet • **11,95 €**

9 782733 882184

dès 5 ans

Jeu de 7 familles

Antoana Oreski
125 x 85 mm • Cartes filmées : 70 x 99 mm • Coffret avec tiroir et ruban • **7,95 €**

9 782733 869154

Cherche et trouve géant en Belgique !

333 x 472 mm • 9 doubles-pages • **22,95 €**

9 782733 856314

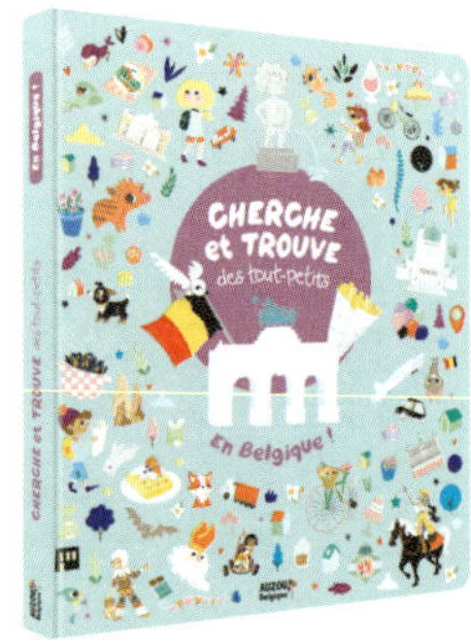

Cherche et trouve des tout-petits en Belgique !

Nancy Leschnikoff
227 x 272 mm • 10 doubles-pages • Tout-carton • **10,50 €**

9 782733 873601

NOUVELLE ÉDITION

Cherche et trouve en Belgique !

Collectif • **9,95 €**

9 782733 882368

14,50 €

Ma carte de Belgique en puzzle

Sépia Ballein

9 782733 868591

45 jeux en Belgique !

9 782733 849958

5,95 €

dès 7 ans

Mes 500 quiz - La Belgique

Maud Carpent • **9,95 €**

9 782733 882191

À la découverte de

dès 7 ans

225 x 323 mm • 1 livret de 64 pages

19,95 €

À la découverte de l'Espace - Édition Belgique
Adèle Pédrola / Thomas Teissier

9 782733 871379

NOUVEAU

NOUVELLE ÉDITION

À la découverte de la Belgique
Morgane Delaisse / Virginie Chiodo

9 782733 883181

Mon premier doc

dès 3 ans

210 x 210 • 32 pages

5,95 €

Je découvre la Belgique
Irena Aubert

9 782733 877623

Les 30...

dès 8 ans

275 x 225 mm • 72 pages

12,95 €

NOUVEAU

9 782733 885123

30 fêtes et folklores remarquables de Belgique
Florence Ducatteau

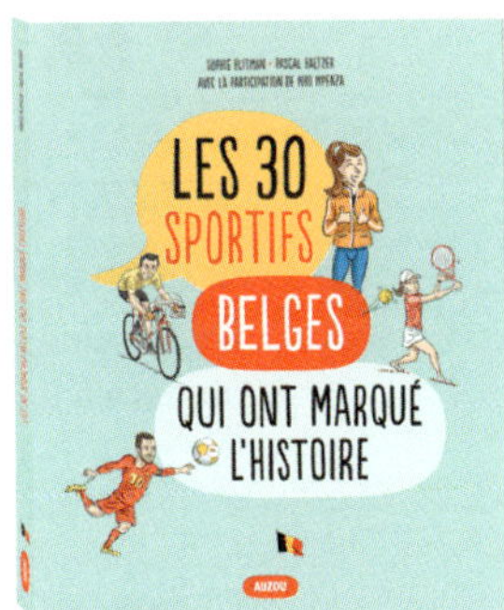

Les 30 sportifs belges qui ont marqué l'Histoire de la Belgique
Axel Tixhon / Pascal Baltzer

9 782733 879610

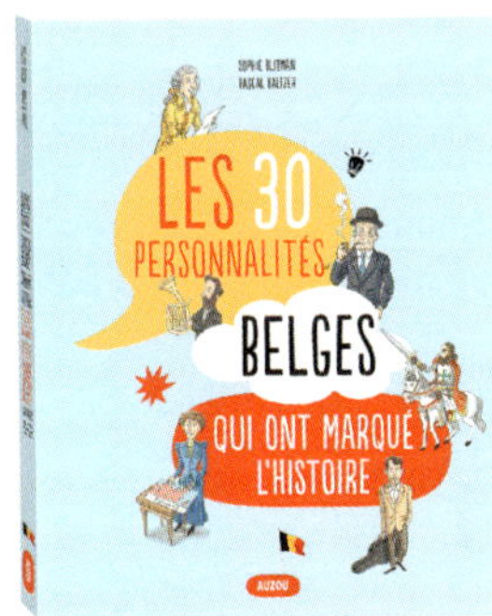

30 personnalités belges qui ont marqué l'Histoire
Sophie Blitman / Pascal Baltzer

9 782733 862391

Les 30 événements qui ont marqué l'Histoire de la Belgique
Axel Tixhon / Pascal Baltzer

9 782733 862384

BELGIQUE

UNICEF

unicef
pour chaque enfant

Auzou et l'UNICEF proposent à votre enfant une sélection de titres pour s'éveiller tout en s'amusant.

Livres tissu dès 1 an

Un livre tout doux pour s'ouvrir à la diversité et à la richesse de notre planète.

Les animaux du monde
Kim Sejung
220 x 150 mm • Tissu • 6 pages • **14,95 €**

Mes premiers mots dès 1 an

Pour découvrir ses premiers mots grâce à de belles matières à toucher.

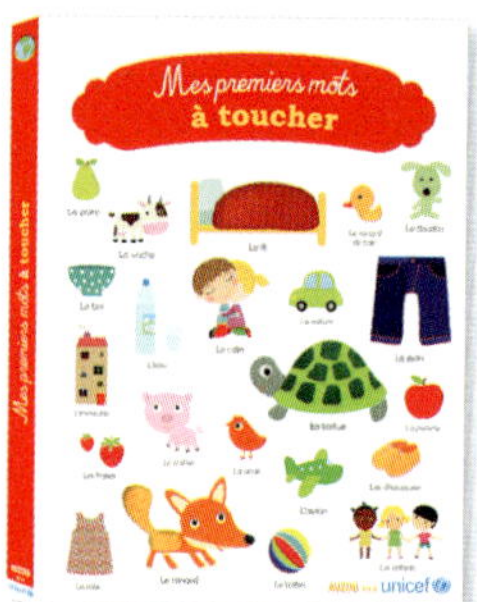

Mes premiers mots à toucher
Virginie Graire
235 x 315 mm • Tout-carton • 9 doubles-pages • **15,95 €**

Les peluches dès 1 an

La peluche Loup qui symbolise la justice et le courage pour les enfants !
Orianne Lallemand / Éléonore Thuillier

Ma peluche Loup super-héros
300 mm • **Prix de vente conseillé : 14,95 €**

Mon très grand livre d'éveil dès 1 an

De beaux univers grâce à de nombreuses matières à toucher dans un livre qui s'apparente à un tapis d'éveil.

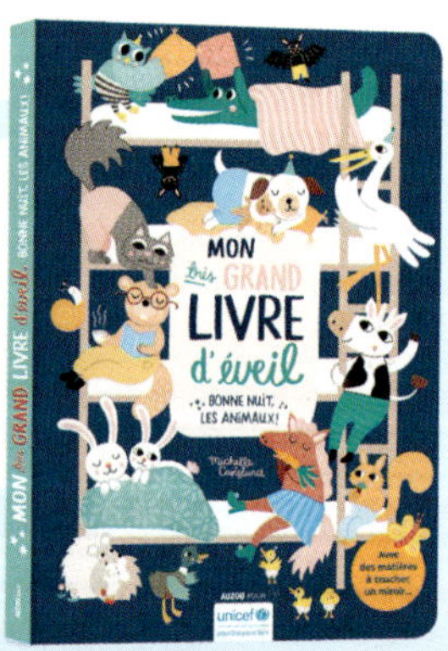

NOUVEAU

Bonne nuit les animaux !
Michelle Carlslund
342 x 466 mm
- Tout-carton
- 4 doubles-pages
- 12 matières à toucher
- 1 miroir • Des effets
- **24,95 €**

Mon livre d'artiste dès 4 ans

Dessine, colorie, découpe, colle, imagine et pars à la découverte des droits des enfants.

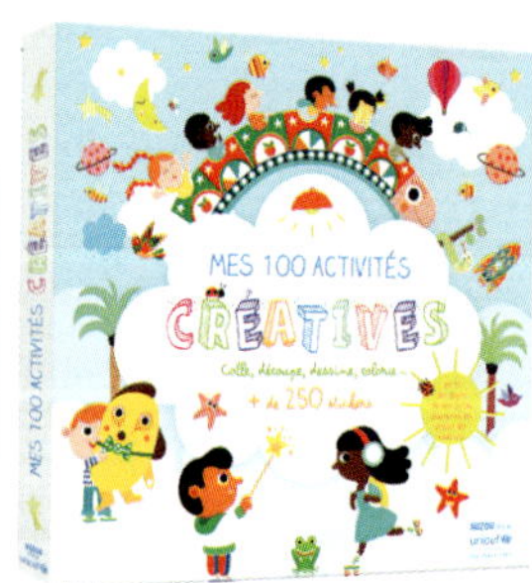

Mes 100 activités créatives
Collectif
230 x 230 mm • 116 pages • **14,95 €**

Puzzles dès 6 ans

Un puzzle de 100 pièces sur les animaux marins et leurs abîmes.

NOUVEAU

9782733883433

Mon puzzle du monde sous-marin

Pippa Curnick

215 x 120 mm • 1 puzzle de 100 pièces : 600 x 400 mm • **Prix de vente conseillé : 13,50 €**

C'est trop bon ! dès 6 ans

Des livres-chevalets pour apprendre à cuisiner des plats venus du monde entier.

NOUVEAU

La cuisine du monde

Camille Berta / Laurent Ducrettet / Betowers

245 x 295 mm • 122 pages • **14,95 €**

9782733884058

Ma pochette de jeux dès 4 ans

Une collection de jeux variés et amusants sur des fiches accompagnées d'un feutre effaçable.

9782733878781

20 p'tits jeux pour les petits aventuriers

Pintachan

170 x 220 mm • 1 feutre effaçable • 20 cartes plastifiées • **Prix de vente conseillé : 5,95 €**

Divers dès 4 ans

Ma mini frimousse à habiller

Shiilia

Coffret : 300 x 215 mm • Livre : 180 x 180 mm • 32 pages • 1 poupée en tissu • 3 tenues • Fil et aiguille • **Prix de vente conseillé : 17,50 €**

9782733843680

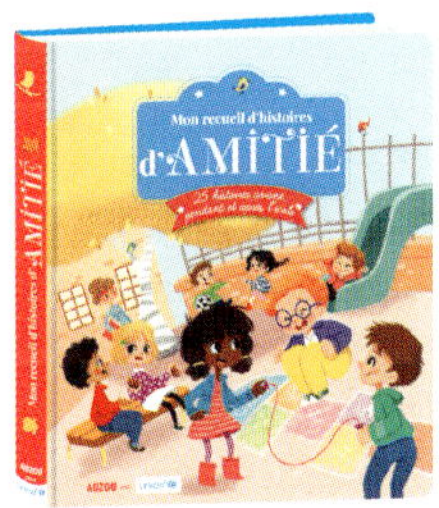

Mon recueil d'histoires d'amitié

Collectif

256 x 214 mm • 160 pages • **12,50 €**

9782733843673

Albums dès 6 ans

4 histoires qui expliquent de façon subtile les problématiques écologiques d'aujourd'hui.

9782733873281

Mes histoires pour sauver la planète

Natacha Godeau / Sophie de Mullenheim / Christelle Vallat / Annette Marnat

240 x 280 mm • 84 pages • **17,95 €**

L'ensemble de la gamme UNICEF est à découvrir dans le catalogue.

ÉGALEMENT PARUS chez AUZOU

Loup — Les activités

9782733832271 Mon livre d'activités du Loup

9782733829318 Le livre d'activités du Loup autour du monde

9782733851463 Mes souvenirs d'école avec Loup

9782733842485 Mes tattoos Loup

Les figurines individuelles

9782733836774 Mardi

9782733836811 Samedi

9782733836828 Dimanche

Les portes-clés

9782733835975 Mes porte-clés Loup et Louve

P'tit Loup — Je découvre avec P'tit Loup

9782733852842 Ma bibliothèque cube

9782733836972 Je découvre les instruments de musique avec P'tit Loup

9782733864111 P'tit Loup apprend à s'habiller

J'apprends avec P'tit Loup

9782733837672 Coffret Apprends à lire l'heure avec P'tit Loup et une montre bracelet

Je m'endors avec P'tit Loup

9782733830598 Bonne nuit, P'tit Loup !

9782733836934 Mon coffret du soir avec P'tit Loup

Ma boîte de gommettes

9782733849989 Ma boîte de gommettes P'tit Loup

9782733858707 Ma boîte de gommettes P'tit Loup - Volume 2

Mini Ninjas — Les albums

9782733840566 1. De redoutables samouraïs

9782733840573 2. L'esprit légendaire

9782733840580 3. Une effroyable transformation

9782733840597 4. Le double maléfique

9782733840627 5. Un rêve étrange

9782733840665 6. L'armure magique

9782733840634 7. Le meilleur élève

9782733846766 8. Un sort incontrôlable

Les jeux

9782733840641 Je joue avec les Mini Ninjas

9782733838679 Mon grand livre de jeux

9782733840603 45 jeux

Divers

9782733840689 Mon carnet de ninja

9782733840658 Mes tattoos Mini Ninjas

Éveil

Livres-tissu

9782733854730 Mon coffret de bébé

Ma valisette d'éveil

9782733839928 Ma valisette d'éveil

Mes amis du bain

9782733857977 Wilson

9782733857960 Constantin

Mes premières lumières

9782733857595 Chaton-Gris et la ville

9782733854044 Petit Poisson et l'océan

Premières notes musicales

9782733847619 Mozart

Mon premier imagier à écouter

9782733838921 La nature

9782733838914 Les bébés animaux

9782733835364 Les animaux de la jungle et de la savane

9782733832813 Les transports

9782733835913 Les pompiers

9782733832790 Les animaux de compagnie

9782733832806 Les instruments de musique

Mon premier imagier accroche-poussette

9782733857601 La chambre de bébé

9 782733 857618 Les animaux de la ferme

9 782733 857632 Les couleurs

9 782733 857625 Les transports

Mon tout premier abécédaire

9 782733 853238 1, 2, 3, je compte avec les formes

Jeux d'enfants

9 782733 871577 Tristan joue avec le vent

9 782733 868041 La cabane de Liselotte

9 782733 868034 Le foulard d'Élias

Livres flaps

9 782733 848180 Walter cherche Mademoiselle Fanfan

Mon premier livre silhouetté

9 782733 857588 Citrouille et Isidore - Au bain !

9 782733 850411 Chardon et Romarin, au lit !

Divers éveil

9 782733 863688 Qu'y a-t-il dans mon assiette ?

9 782733 845561 Mon premier semainier à animer

9 782733 864012 Le Voyage de Nino

Albums

Les albums Auzou

9 782733 856321 La légende de Saint Nicolas

9 782733 824351 L'incroyable voyage de Christophe Colomb

Papiers découpés

9 782733 818503 Fables de La Fontaine

9 782733 837788 Le coffret des Fables de La Fontaine - Édition limitée

Coffrets albums

9 782733 853528 Mon coffret de bijoux et de princesses

Développement personnel

Les histoires qui...

9 782733 868027 15 histoires qui commencent mal pour apprendre à rater

9 782733 861523 15 histoires pour répondre aux questions des petits

9 782733 852941 15 histoires qui intriguent pour comprendre tes émotions

9 782733 836576 15 histoires qui font peur pour ne plus avoir peur

9 782733 847626 5 histoires qui font peur pour ne plus avoir peur des clowns

9 782733 844687 5 histoires qui font peur pour ne plus avoir peur de quitter ses parents

9 782733 844670 5 histoires qui font peur pour ne plus avoir peur de l'école

Divers

9 782733 849491 Défoule-toi !

9 782733 853993 Je me concentre 4-6 ans

9 782733 854006 Je me concentre 6-8 ans

9 782733 852163 Je m'épanouis 3-6 ans

9 782733 852170 Je m'épanouis 6-9 ans

Romans

Moi, je lis tout seul !

9 782733 837733 La sortie au zoo

9 782733 837757 L'après-midi à la bibliothèque

9 782733 837740 Le déjeuner à la cantine

9 782733 837764 Les poux !

9 782733 833148 La rentrée des classes

9 782733 833155 La nouvelle élève

9 782733 837160 En retard !

9 782733 839454 À la montagne !

9 782733 839461 La visite au musée

9 782733 839553 Tous à l'eau !

9 782733 841525 La journée au cirque

9 782733 841532 La fête de l'école

9 782733 844557 Bientôt Noël !

9 782733 848319 La chute

9 782733 848333 Le goûter d'anniversaire

9 782733 850879 La classe de mer

9 782733 850886 La nouvelle maîtresse

9 782733 850893 Les vacances en famille

Premières lectures

9 782733 843901 Ma bibliothèque : Moi, je lis tout seul !

Moi, je lis en CE1 !

9 782733 861059 1. La nouvelle classe

9 782733 861066 2. La journée catastrophe

9 782733 861073 3. Jeu de piste en forêt

9 782733 866924 4. Le voyage en Angleterre

Premiers pas

9 782733 823965 Dent-dure et Courtepatte - 1. Au royaume de Ventremou

9 782733 827741 Dent-dure et Courtepatte - 2. Au royaume de Beaumiroir

9 782733 833001 Dent-dure et Courtepatte - 3. Au royaume de Malparole

9 782733 839560 Dent-dure et Courtepatte - 4. Au royaume de Toutécran

- 9 782733 822418 Cosmos express -1. Le Crok'planète
- 9 782733 827734 Cosmos express - 2. Planète interdite
- 9 782733 824276 1. Une baby-sitter, non merci !
- 9 782733 821626 2. Un petit frère, non merci !
- 9 782733 826867 Les poudres du Père Limpinpin - 1. Bérengère est en colère
- 9 782733 827772 Les poudres du Père Limpinpin - 2. Edgard est en retard
- 9 782733 832981 Les poudres du Père Limpinpin - 3. Clément ment tout le temps
- 9 782733 839447 Les poudres du Père Limpinpin - 4. Lilou a peur de tout
- 9 782733 830765 Lisa - 1. Lisa et le Gâtovore
- 9 782733 836705 Lisa - 2. Lisa et le Croquemot
- 9 782733 848340 Lisa - 3. Lisa et le Chamboul'chiffre

Pas à pas

- 9 782733 850985 Mon coffret Les p'tites créatrices avec sac à personnaliser

La famille Latornade

- 9 782733 839485 1. Tempête en cuisine
- 9 782733 841563 2.Tourbillon au Japon
- 9 782733 850947 3. Coup de foudre au fast-food

Pas de géant

- 9 782733 845462 Les Monuments de l'ombre - Le coffret des tomes 1 à 3
- 9 782733 834039 Les Monuments de l'ombre - 1. L'énigme du chevalier
- 9 782733 835296 Les Monuments de l'ombre - 2. Le labyrinthe du passé
- 9 782733 839508 Les Monuments de l'ombre - 3. Le secret de la neuvième heure
- 9 782733 843550 Les Monuments de l'ombre - 4. La couronne perdue
- 9 782733 843543 Les Monuments de l'ombre - 5. La marque aux cinq pointes
- 9 782733 844717 Les Monuments de l'ombre - 6. La crypte noire
- 9 782733 843536 Le Dernier pisteur - 1. La caverne aux araignées
- 9 782733 849880 Le Dernier pisteur - 2. Le piège de la Manticore
- 9 782733 851081 Le Dernier pisteur - 3. Le chant des hyènes
- 9 782733 830536 Le Journal de Lola - 1. Le journal de Lola
- 9 782733 833087 Le Journal de Lola - 2. Mon anniversaire crise de nerfs
- 9 782733 830789 Princesse Lin Yao et la perle d'immortalité
- 9 782733 834794 Princesse Tya et la disparition du pharaon
- 9 782733 839591 Princesse Aphaïa et les mystères de l'Acropole
- 9 782733 848234 Princesse Aurore et le secret du Roi Soleil
- 9 782733 851098 Le trésor gaulois de Séquana
- 9 782733 836712 Esther Aranax
- 9 782733 834022 Les enfants du labyrinthe
- 9 782733 821633 Bienvenue au refuge Kobikisa !
- 9 782733 842003 Seuls dans l'espace

Grand format

- 9 782733 843918 Movers - 1. Les passeurs d'ombres
- 9 782733 859520 Movers - 2. Noir futur
- 9 782733 850848 Balthazar Fox - 1. L'héritier de l'entredeux mondes
- 9 782733 864067 Balthazar Fox - 2. Le secret de l'entredeux mondes
- 9 782733 848289 Scaremaster - 1. Pleine lune
- 9 782733 850831 Scaremaster - 2. La malédiction du marais
- 9 782733 843246 Dragon Boy
- 9 782733 841594 Visages pâles
- 9 782733 835333 La croix du sud
- 9 782733 841921 La conspiration d'Anubis
- 9 782733 836736 Celle qu'on ne voyait pas
- 9 782733 834787 Charly et moi
- 9 782733 830741 Furie
- 9 782733 832974 La vie rêvée d'Amber
- 9 782733 830758 L'Homme au masque de brouillard

Classiques

- 9 782733 844601 Les Mille et Une nuits
- 9 782733 848203 Les Malheurs de Sophie
- 9 782733 850121 Les Trois Mousquetaires
- 9 782733 851104 L'Iliade et l'Odyssée
- 9 782733 841600 Vingt mille lieues sous les mers
- 9 782733 836866 L'Appel de la forêt

Activités

C'est trop

- 9 782733 842720 C'est trop fou ! Des illusions partout
- 9 782733 836590 C'est trop magique ! Des tours fantastiques

Coffrets

- 9 782733 844410 Mon coffret de star
- 9 782733 862070 Mon coffret de fille

Je cuisine comme un grand

- 9 782733 863626 Je cuisine comme un grand

Hors collection

- 9 782733 849828 En scène : mon livre d'exploration théâtrale

Mes tout premiers autocollants

- 9 782733 843086 Joyeux Noël !

Mon sachet de gommettes

- 9 782733 860205 100 gommettes en feutrine

9782733860144 250 formes et couleurs
9782733860175 300 gommettes à motifs
9782733860212 300 gommettes brillantes et multicolores
9782733860182 300 gommettes dorées et argentées
9782733860199 300 gommettes fluorescentes
9782733860168 300 grosses gommettes à motifs
9782733860151 500 formes et couleurs

Loisirs créatifs

Ma pochette d'artiste

9782733839003 Princesses
9782733862827 Maison hantée
9782733862810 Je réalise mon arbre généalogique
9782733857441 Autocollants mosaïques
9782733852750 Autocollants magiques
9782733852392 La nature
9782733846322 Danseuses du monde
9782733846315 Princesses et fées
9782733849422 Néons et métallisés
9782733856680 5 masques d'animaux
9782733856789 Carnavals de Belgique
9782733841174 La Tour Eiffel
9782733842973 L'arbre de Noël
9782733845752 Les contes
9782733842867 Autour du monde
9782733842768 L'école
9782733842874 La ferme
9782733842997 Mosaïques - Dans la nature
9782733847428 Cartes à gratter - Animaux
9782733851678 Mon poster du monde (édition 2017)

Mon tableau d'artiste

9782733842843 Gentil renard en pop up
9782733842829 Petit lion en feutrine
9782733847329 Mon joli paon pailleté
9782733846575 Mon joli papillon en feutrine

Mon atelier d'artiste

9782733862872 Je crée mes robes du monde
9782733857434 Mes plus belles créations
9782733851661 Mon atelier de tampons - La météo

Ma magnifique création

9 782733 865743 Mon diadème de la mer en art paper

9 782733 865750 Mon masque de dragon en art paper

9 782733 865903 Mon masque de koala en Liberty

9 782733 865804 Mon masque de licorne à paillettes et sequins

Mon petit kit DIY

9 782733 866191 Mes jolies barrettes chat

9 782733 866214 Mes 3 adorables broches célestes

9 782733 866221 Mon grigri porte-bonheur à accrocher

9 782733 870648 Mon merveilleux collier glace

9 782733 870631 Mon super collier surfeur

Mon superbe bijou

9 782733 839041 Mon sautoir en perles de rocaille

Ma boîte à bijoux

9 782733 842775 Mes créations en tricot avec Zoé et Léo

Mes premiers bijoux

9 782733 860663 Mes premiers bijoux

Papertoys géants

9 782733 849415 Papertoys géants - Dinosaures

9 782733 849408 Papertoys géants - Robots

Documentaires

Mes quiz malins

9 782733 857267 CP

9 782733 857274 CE1

9 782733 857281 CE2

9 782733 857298 CM1

Parascolaire

9 782733 838112 Petite graine de citoyen - Bien vivre ensemble !

9 782733 846087 J'apprends à lire avec Inès et Nolan

9 782733 831021 Ma méthode de lecture

9 782733 836378 Je découvre les verbes en images

Europe et Monde

Mon premier imagier trilingue/bilingue

9 782733 860694 Français/Créole guyanais/Portugais du Brésil

NOUS CONTACTER

RELATIONS LIBRAIRES

Anne Fachan
anne.fachan@auzou.com
Tél. : +33 1 40 33 84 16

POUR TOUS RENSEIGNEMENTS ÉDITORIAUX, MERCI DE NOUS CONTACTER À CETTE ADRESSE EMAIL : edition-projets@auzou.com

DIFFUSION

Éditions et diffusions internationales
E.D.I. - 75020 Paris
Tél. : +33 1 40 33 84 00

DISTRIBUTION FRANCE

SODIS – 77400 Lagny
Tél. : +33 1 60 07 82 99
Email : saisie@sodis.fr

DISTRIBUTION BELGIQUE

MDS Benelux
Rue du progrès 1
62 20 Fleurus

DISTRIBUTION SUISSE

OLF SA
Route André Piller 39,
1720 Corminbœuf

DIFFUSION CANADA

editions@auzou.ca

AUZOU

24-32, rue des Amandiers
75020 Paris

Tél. : +33 1 40 33 84 00
Fax. : +33 1 47 97 20 08

edition-projets@auzou.com
www.auzou.fr